Pour

En souvenir de ton passage à Marseille.

Bonne continuation

bon voyage

Pascal

5-7, rue de l'Ecole polytechnique ; 75005 Paris

http://www.librairieharmattan.com
diffusion.harmattan@wanadoo.fr
harmattan1@wanadoo.fr

ISBN : 978-2-296-05609-1
EAN : 9782296056091

Le bouddha
dans votre miroir

Texte original en anglais (États-Unis)
Woody Hochswender, Greg Martin & Ted Morino
The Buddha in Your Mirror
Practical Buddhism and the Search for Self
Foreword by Herbie Hancock

Photo de couverture : Alberto Ferrero.

Quelques passages et références ont été adaptés pour le public francophone, notamment dans les chapitres VI et VIII du texte original.
Les traducteurs ont ajouté un appareil de notes à l'usage du public francophone (références aux écrits de Nichiren Daishonin et notes explicatives sur des auteurs anglais ou américains cités dans le texte) qui ne figuraient pas dans l'original. Une traduction des textes de Nichiren Daishonin est éditée en France par l'ACEP, www.acep-vpc.com

WOODY HOCHSWENDER
GREG MARTIN
TED MORINO

Le bouddha dans votre miroir

Bouddhisme au quotidien et recherche de soi

Avant-propos de Herbie Hancock

Traduit de l'anglais (États-Unis) par Jean-Louis Triaud et Anne-Marie Penoignon-Trapanese

L'Harmattan

Sommaire

« PAS DES NOTES MOLLASSONNES »

Un avant-propos d'Herbie Hancock[1]

QUELLE que soit votre existence actuelle, pourquoi vous êtes-vous procuré ce livre ? Même pour quelques instants. Ne pensez-vous pas que, quelle que soit notre situation, nous pouvons toujours être, au moins, un peu plus heureux ? Et même si, aujourd'hui, nous nous sentons parfaitement bien, d'autres fois, de manière inattendue et sans raison, nous sombrons tout simplement dans la dépression.

Même ceux d'entre nous qui, apparemment, semblent comblés dans cette vie, traversent des périodes pendant lesquelles, les belles choses qui les entourent ne leur permettent plus de jouir de la vie. Il doit y avoir quelque chose de plus, de plus profond.

Mais, même quand les choses semblent aller bien, souvent nous ne reconnaissons pas que nous avons des problèmes. Quand je pense à tant de gens de ma génération et d'amis musiciens qui sont partis, aux figures de légende qui ont quitté cette vie trop tôt, et dont les voix musicales ont été réduites au silence après avoir perdu la bataille de la maladie ou de la drogue, la nécessité d'une méthode pour acquérir un bonheur durable semble évidente.

La vie d'un musicien de jazz n'est pas facile (et je suis sûr que c'est vrai pour beaucoup de professions). Cela demande énormément de force, physique et spirituelle, pour affronter les

---

1. Né à Chicago en 1940. Célèbre pianiste et compositeur de jazz.

tournées continuelles - nous retrouvant parfois tous les jours dans un pays différent, et ce durant des mois entiers - pour, continuer à être créatif et pour maintenir des relations saines avec les autres. Au milieu des dures réalités de l'existence, au niveau professionnel comme personnel, c'est la philosophie du bouddhisme de Nichiren, profonde et cependant facile à comprendre, qui m'a soutenu pendant quelque vingt-neuf années[2].

Mais revenons un peu en arrière ! La famille d'où je viens n'était pas riche. En fait, nous étions assez pauvres, mais je me considère quand même comme chanceux, car il y avait toujours à manger à table. Plus important encore est que j'ai toujours eu le soutien de mes parents, qui m'ont encouragé à réaliser mes rêves et qui m'aidèrent au maximum de leurs possibilités. Ils n'avaient pas les moyens de m'envoyer à l'université, et pourtant ils le firent quand même d'une certaine manière.

En plus de l'aide de mes parents, je reçus tout au long de mon parcours, et jusqu'à ce jour, l'aide de divers maîtres que j'ai eu la chance de rencontrer. Trois d'entre eux se distinguent particulièrement. La première fut Mme Jordan, ma seconde professeur de piano.

En remontant en arrière, avant que le jazz ne fasse partie de ma vie, j'étais un enfant de neuf ans qui étudiait le piano depuis deux ans. C'était à Chicago en 1949. Aujourd'hui, je ne me rappelle plus de quelle façon je fus présenté à Mme Jordan, mais, jusqu'à ce jour, je n'ai pu oublier ce qu'elle m'a enseigné. Le jour de notre toute première rencontre, après m'avoir écouté jouer un peu, elle admit qu'il était clair que je savais lire la musique, mais elle me demanda si je savais ce qu'étaient le toucher, la nuance, le phrasé, tous ces concepts qui m'étaient complètement étrangers. Elle me demanda même si je savais comment respirer quand j'étais assis devant le clavier. Quand je répondis non, elle dit : *« Je te montrerai. »* Et elle s'assit au piano et joua si divinement un morceau de Chopin que, du haut de mes neuf ans, j'en restai bouche bée.

Mme Jordan m'enseigna que jouer du piano représentait bien plus qu'une simple connaissance des notes. En la regardant jouer

2. Le texte original a été publié en 2001.

avec une telle chaleur, une telle dignité et une telle passion, sans bien m'en rendre compte, j'étais capable d'imaginer que le piano était un instrument d'expression de soi. Grâce à son honnêteté et à ses efforts continus pour trouver comment expliquer à un petit garçon ce qui, autrement, aurait été incompréhensible, Mme Jordan stimula mon désir d'apprendre. Et comme preuve de ses talents d'enseignante, après seulement un an et demi, je gagnai un important concours de piano à Chicago et je pus jouer un concerto avec le Chicago Symphony Orchestra[3], à l'Orchestra Hall.

En étudiant avec Mme Jordan, je fis pour la première fois l'expérience de trouver une nouvelle dimension à une chose apparemment familière, et l'impact de cette expérience est resté très vif en moi jusqu'à aujourd'hui. En fait, je pense que c'est ce que font les maîtres : ils stimulent en nous une capacité nous permettant de voir quelque chose d'une manière nouvelle, une manière qui résonne en nous de façon particulière. Ce que j'ai reçu de Mme Jordan, sans le réaliser à l'époque, était la conscience de l'impact permanent que peut avoir la sincérité d'une personne sur une autre.

Miles Davis fut aussi ce genre de maître. C'était un personnage exceptionnel, qui maîtrisait si pleinement son instrument et sa musique qu'il faisait les choses avec fermeté de la manière dont il estimait qu'elles devaient être. Miles reçut ainsi beaucoup de critiques parce qu'il tournait le dos au public lors des concerts. Mais ceux d'entre nous qui jouions dans son groupe comprenions très bien qu'il le faisait dans l'unique intention de nous diriger par d'imperceptibles gestes - un signe de tête par ci, un léger mouvement de sa trompette par là - tout en continuant à jouer son propre morceau avec virtuosité. Miles se contentait d'aller de l'avant, sans jamais éprouver le besoin de s'expliquer.

Ceux d'entre nous qui travaillions avec et pour Miles, avions un avant-goût de son génie particulier, qui dépassait son jeu musical. Ce qui était réellement particulier était sa capacité à nous entraîner tous dans le mouvement et à intégrer

3. Le Symphony Orchestra de Chicago, créé en 1891, est l'un des plus grands orchestres symphoniques dans le monde.

complètement tout ce que nous pouvions apporter. Il nous disait qu'il nous payait pour nous exercer justement là, sur l'estrade de l'orchestre, qu'il nous avait engagés pour créer, pour apporter notre contribution. Et sur scène ou en studio, il nous a prouvé constamment sa capacité à utiliser tout ce qui sortait de nos instruments et d'en faire quelque chose. En maintes occasions, grâce à cette capacité, il nous a sauvé la mise en changeant nos erreurs manifestes en airs musicaux qu'il intégrait instantanément dans le morceau que nous préparions.

Et quand nous étions en panne, il avait le chic pour nous tirer de là - à sa manière singulière. Une fois, alors que j'expérimentai ce qui équivaut pour un musicien à la crampe de l'écrivain, Miles s'inclina vers moi et me marmonna à l'oreille : *« Mets un "si" dans les basses. »* Un peu perplexe, je cherchai à mettre en pratique ce que je pensais comprendre de ce qu'il disait, et bien sûr une étincelle commença à apparaître, qui l'inspira, et qui, à son tour, m'inspira également, nous conduisant à un dialogue musical.

Une autre fois, alors que j'étais pris par la routine, il me lâcha : *« Ne joue pas les notes mollassonnes. »*[4] Cela m'a abasourdi. Finalement, j'ai supposé qu'il était en train de me dire d'éviter, en quelque sorte, l'évidence. Encore aujourd'hui, je ne suis pas certain que Miles savait exactement ce qu'il voulait me dire, mais j'ai interprété ses paroles comme s'il me conseillait d'enlever les tierces et les septièmes des accords que je jouais. Sans m'étendre sur la technique, disons juste qu'ainsi je réussis à ouvrir le son de telle manière que, quel que soit le musicien avec lequel je pourrais improviser, les opportunités pour explorer les possibilités de créer une mélodie seraient beaucoup plus importantes. Quoi que Miles ait eu en tête, son conseil fonctionnait : nous prenions feu ! Pour moi, cela est un exemple des grandes qualités d'un chef. Au lieu de me dicter comment faire, il m'incitait à trouver la solution à l'intérieur de moi-même, me soutenant pendant tout ce temps-là avec la conviction absolue qu'il pouvait s'harmoniser avec nous tous et nous amener à créer l'harmonie entre nous.

Il nous faisait continuellement sentir que chacun de nous avait quelque chose d'unique à apporter. Il le faisait avec une

---

4. En anglais : *« Don't play the butter notes. »*

grande économie de mots, mais plutôt par son comportement. Je n'étais pas encore capable alors de comprendre profondément tout cela. Je le pus seulement quand je commençai à pratiquer le bouddhisme de Nichiren.

Ce qui m'amène au troisième maître qui a influencé ma vie, Daisaku Ikeda. En sa qualité de président de la Soka Gakkai internationale, il a ouvert tant de portes que plus de 12 millions de personnes dans 190 pays ont eu accès aux principes exposés dans ce livre. Pour moi, Daisaku Ikeda est un homme qui encourage l'expression créative de chaque individu, l'harmonie et le rapprochement entre les peuples de la planète. Il œuvre pour la paix, enseignant à chacun comment savoir, sur le bout des doigts, la clé pour se renouveler quotidiennement, revigorer son esprit, accumuler de la bonne fortune et être heureux.

En appliquant les leçons de ses très nombreux écrits et discours sur la manière d'exploiter le pouvoir de *Nam-myo-ho-renge-kyo*, le principe mystique qui régit l'univers, j'ai abattu, l'un après l'autre, des murs d'obstacles dans ma vie, et vu l'accomplissement de nombre de mes objectifs et de mes rêves. J'ai acquis la conviction que je peux faire face à tout ce que la vie me réserve.

Tandis que je développais le bonheur comme fondement de ma vie, grâce au brillant exemple de Daisaku Ikeda, qui n'abandonne jamais, qui ne succombe jamais à la négativité, j'ai appris auprès de lui que chaque instant donné peut être regardé à travers un nombre infini de perspectives. Parmi celles-ci existe la manière de reconnaître un « sentier d'or » dans cet instant-là, et une façon de percevoir un diamant en chaque personne. Cette façon de voir les choses influence chacune de mes activités, de l'enregistrement d'un disque à une improvisation, à la façon de regarder les gens que je rencontre dans les différents domaines de ma vie.

Peu importe ce qu'une personne exprime à un moment donné, c'est seulement une partie d'un être humain qui forme un tout. Chaque personne possède la graine de l'illumination et elle mérite par conséquent le respect. Alors qu'il est facile de l'oublier, surtout lorsque l'on rencontre des personnes dites « difficiles », comme on peut en trouver dans le monde du spectacle et ailleurs, les conseils et l'exemple continuel de Daisaku Ikeda me servent de mesure pour évaluer ma propre conduite et faire ressortir le meilleur côté des autres personnes, tout en m'efforcant quotidiennement de m'améliorer moi-même.

Vingt-neuf ans de pratique bouddhique m'ont permis d'établir de solides bases. En regardant en arrière, je peux dire que j'ai acquis la maîtrise de ma musique, ce qui me rend vraiment heureux. Pour moi, la joie de jouer de la musique va au-delà des applaudissements, des distinctions honorifiques, de l'exaltation des fans. Naturellement, tout cela est agréable, mais il existe quelque chose de beaucoup plus profond. Jouer, cela veut dire vous laisser aller à creuser très profondément dans votre cœur. Cela signifie avoir la confiance d'accepter votre vulnérabilité et de l'exprimer honnêtement, ce qui est au centre de votre condition humaine. Cela veut dire être conscient de votre environnement : des autres musiciens comme de l'auditoire. Cela signifie faire sortir les choses de l'intérieur et les manifester au présent, en les laissant couler de la sphère la plus élevée de votre vie. C'est le processus qui consiste à faire tout cela, non seulement pour son propre plaisir, mais avec l'espoir sincère de faire bouger quelque chose dans la vie des autres, en les aidant à se sentir bien avec eux-mêmes, en les incitant à exploiter leur potentiel et à réaliser leurs souhaits pour l'instant présent, et leurs rêves pour le futur, en les stimulant pour accomplir quelque chose de grand.

Woody Hochswender, Greg Martin et Ted Morino ont fait un magnifique travail en écrivant ce livre. Eux aussi sont des disciples de Daisaku Ikeda et, en mettant en pratique ses conseils, ils ont expérimenté l'efficacité du bouddhisme de Nichiren. *Le bouddha dans votre miroir* rend la pensée profonde de Nichiren facile d'accès à tous.

Que vous lisiez ce livre par simple curiosité ou que vous ressentiez le besoin impérieux d'améliorer votre vie et votre situation, je vous encourage à faire sérieusement l'essai des conseils pratiques qu'il vous offre. La conception bouddhique peut vous sembler quelque chose d'exotique, ou d'éloigné de votre sentier spirituel. Mais si vous êtes dans une impasse, il est temps que vous arrêtiez de jouer les « *notes de musique mollassonnes* » de la vie et que vous puissiez vous ouvrir pour découvrir quelque chose de nouveau dans la mélodie de la vie. Que pouvez-vous perdre... sinon votre blues ?

CHAPITRE PREMIER

Le bouddha dans votre miroir

Dans l'illusion, on est simple mortel, mais, une fois éveillé, on est bouddha. Un miroir terni brillera comme un joyau si on le polit.

Nichiren[1]

S'il existe une religion qui pourrait être en accord avec les intérêts de la science moderne, c'est le bouddhisme.

Albert Einstein

Les oiseaux chantent. Le vent souffle. La terre tourne. Les étoiles brillent et meurent. Les galaxies tournent avec grâce à travers l'espace. L'homme naît, vit, vieillit et meurt. Les modes d'existence sont mystérieux et incommensurables. Qui peut seulement commencer à les comprendre ? Nos vies quotidiennes ordinaires, d'une certaine manière, ne sont pas moins complexes. Qui peut toujours sonder, par exemple, les besoins d'un enfant de trois ans, sans parler des exigences inexplicables de nos beaux-parents ou de notre patron ? Dans une seule journée, nous nous réjouissons à certains moments et nous perdons l'espoir à d'autres. Nos sentiments changent d'un moment à un autre. Des choses insignifiantes peuvent nous

1. Lettre de Nichiren à Toki Jonin, « Sur l'atteinte de la boddhéité » (1255).

rendre temporairement heureux, tandis que des revers temporaires peuvent nous rendre inexplicablement tristes. Les soucis prennent facilement la place du bonheur. La vie peut être interprétée comme une bataille continuelle contre les problèmes, grands et petits.

Jamais auparavant, dans l'histoire de l'Occident, tant de personnes se sont tournées vers la sagesse éternelle du bouddhisme pour y trouver des réponses aux grandes questions de la vie ou pour surmonter les problèmes de l'existence quotidienne. Ce n'est pas là une coïncidence, car nous vivons dans un âge d'expérimentation et d'investigation scientifique, et le bouddhisme n'a aucun conflit avec la science. En effet, on a appelé le bouddhisme la « science de la vie ».

Il ne fait pas de doute que les images et le langage du bouddhisme ont fait leur apparition, avec une régularité croissante, dans la culture contemporaine, depuis les films et la chanson pop jusqu'aux magazines et aux spectacles télévisés. Le mot karma est entré dans le langage courant occidental et il est allègrement appliqué à n'importe quoi, depuis les boissons diététiques jusqu'aux problèmes de harcèlement relationnel. S'il y a quelqu'un que nous n'aimons ni ne comprenons pas particulièrement en ce moment, il passe pour avoir un « mauvais karma ». Et il semble y avoir du « Zen » en toutes choses, depuis le fait de jouer au golf, jusqu'à celui de remporter la victoire sur ses adversaires au bureau, et peut-être même jusqu'à plier son linge !

Obi Wan Kenobi a beau ne pas être représenté, lui-même, comme un bouddhiste, sa capacité à manier la Force métaphysique du cycle épique de *La Guerre des étoiles*, une puissance mystique qui pénètre l'univers et ennoblit ses détenteurs, ressemble à la fois au concept bouddhique de la « force de vie » et aux pouvoirs légendaires attribués aux bouddhas dans les anciennes Écritures.

La signification véritable de ces termes a été, du point de vue de la tradition bouddhique, quelque peu obscurcie. En Occident, le bouddhisme a été longtemps perçu comme une religion élitiste ou « beatnik », quelque chose qui devait être discuté devant un café, avec des idées politiques radicales et de l'art d'avant-garde. Cette image durable provient peut-être de l'ouvrage *Les Clochards célestes*[2] de la période « beat » de Jack Kerouac, des livres de vulgarisation d'Alan Watts et des descriptions littéraires multiples qui mettent en scène des tambours bongos avec le *satori* (le terme japonais pour l'Éveil, utilisé plus particulièrement par le Zen).

On pourrait facilement avoir l'impression que le bouddhisme est principalement un système d'abstraction intellectuelle ou un moyen pour échapper à la réalité matérielle. Pour beaucoup, l'image dominante du bouddhisme est celle d'un enseignement mystique abscons et impénétrable, étudié dans l'isolement d'un monastère, dont l'objectif est la paix intérieure comme fin en soi.

Il y a une histoire fameuse au sujet du Bouddha historique, qui démontre pourquoi cette conception est incorrecte. Tandis qu'il marchait un jour dans le Parc aux Cerfs, à Bénarès, en Inde, le Bouddha rencontra un cerf couché sur le sol. La flèche d'un chasseur avait transpercé son flanc. Tandis que le cerf mourait lentement, deux brahmanes, ou saints hommes, se tenaient debout à côté du cerf blessé, se disputant sur la question de savoir à quel moment exact la vie quitterait le corps. Voyant le Bouddha, et souhaitant conclure leur débat, ils lui demandèrent son opinion. Le Bouddha, les ignorant, s'approcha immédiatement du cerf et retira la flèche, lui sauvant ainsi la vie. Le bouddhisme est une belle philosophie, mais, par dessus tout, il s'agit d'agir.

Si les images et les adaptations « pop » du bouddhisme sont quelquefois approximatives et imprécises, elles attirent néanmoins l'attention sur une surprenante vérité : le langage et la sagesse du bouddhisme sont appliqués, de façon de plus en plus fréquente, aux complexités de la vie moderne parce qu'ils semblent effectivement s'y adapter. Les concepts et les stratégies bouddhiques, appliqués au bonheur, aux relations,

2. Le titre américain original de cet ouvrage est *The Dharma Bums* (littéralement, « les clochards du *dharma* »). L'auteur y fait l'apologie d'un style de vie, inspiré par le bouddhisme Zen, de moines itinérants recherchant la pureté et des expériences spirituelles pouvant mener à l'« illumination ».

aux carrières, et jusqu'aux processus de vieillissement et de mort, sont en rapport avec la réalité de l'existence moderne - la réalité palpitante concrète de la vie. Les idées bouddhiques pénètrent la vie quotidienne parce qu'elles contiennent une puissance descriptive qui est bien adaptée aux flux et aux courants du monde moderne, sans le poids d'une moralité dogmatique.

Le bouddhisme explique les vérités profondes de la vie. Mais il fournit aussi une méthode extrêmement pratique pour surmonter les obstacles et se transformer soi-même. Ce que vous allez apprendre dans ces pages peut être appliqué dans chaque domaine de votre existence : famille, travail, relations... Et cela peut être appliqué par tout le monde.

Ce livre a l'ambition de changer votre vie. Bien que ce ne soit pas, au sens strict, un livre d'assistance personnelle, il contient les principes d'auto-assistance les plus efficaces et consacrés par le temps, jamais formulés - à savoir le système de pensée global qu'est le bouddhisme. Il est intitulé *Le bouddha dans votre miroir*, à cause de sa perception la plus fondamentale : le Bouddha, c'est vous. En d'autres termes, tout être humain, sans exception, a la capacité inhérente d'être un bouddha - un vieux mot indien qui signifie « illuminé », c'est-à-dire celui qui est éveillé à la vérité éternelle et immuable de la vie.

En puisant dans ce vaste potentiel intérieur que constitue notre nature de bouddha, nous trouvons des ressources illimitées de sagesse, de courage et de compassion. Au lieu d'éviter ou de craindre nos problèmes, nous apprenons à y faire face avec une vigueur pleine de joie, confiants dans notre capacité à surmonter tout ce que la vie jette sur notre chemin. Ce potentiel latent peut être comparé à un buisson de roses en hiver - les fleurs sont en sommeil même si nous savons bien que le buisson contient le potentiel nécessaire à la floraison.

Mais, dans la vie de tous les jours, ce moi supérieur, cet état d'illumination, est caché. C'est le trésor proverbial trop proche de nous pour qu'on le voit. Cet aspect fondamental de la condition humaine est illustré par la parabole bouddhique « Le Joyau dans la doublure du vêtement », telle qu'elle est racontée dans le huitième chapitre du Sûtra du Lotus. C'est l'histoire d'un homme pauvre qui visite un ami fortuné :

« Nous sommes comme ce malheureux homme pauvre et démuni,
qui s'en fut chez un bon ami.
La maison étant fort prospère,
furent servis les plats les plus fins et les plus variés.
Son ami prit un joyau de grande valeur,
le cousit dans la doublure du vêtement de ce pauvre homme,
le donna sans mot dire, puis quitta la maison.
Dormant profondément, l'autre ne remarqua rien.
À son réveil, il reprit son errance,
cherchant de pays en pays de quoi se vêtir et se nourrir,
gagnant à grand-peine sa vie.
Il devait se contenter du peu qu'il trouvait,
sans aucun espoir d'améliorer son sort,
ignorant qu'il avait ce joyau sans prix,
cousu dans sa doublure.
Par la suite, l'ami qui lui avait donné le joyau
rencontra par hasard cet homme,
et lui fit moult remontrances
avant de lui montrer le joyau cousu dans sa doublure.
En le voyant, le malheureux fut transporté de joie
d'être devenu riche, possédant assez de biens
pour satisfaire aux cinq désirs.
Nous sommes comme cet homme. »[3]

Cette parabole décrit l'aveuglement des êtres humains à l'égard du caractère précieux de leurs propres vies et de l'état de vie fondamental de la boddhéité. L'objet de ce livre est de vous aider à découvrir le joyau étonnant qui existe à l'intérieur de vous-même et à le polir jusqu'à ce qu'il brille d'un vif éclat, illuminant non seulement votre vie, mais aussi les vies de ceux qui vous entourent. En effet, le bouddhisme enseigne que notre propre éveil (ou transformation) a aussi un effet immédiat et une grande portée sur notre propre famille, nos amis et la société. C'est là le point clé. Quand nous réfléchissons

3. *Le Sûtra du Lotus*, chapitre VIII, p. 154, Les Indes savantes, 2007.

aux leçons du XXe siècle, souillé par les massacres et les souffrances, nous devons reconnaître que les efforts pour réformer et restructurer les institutions de la société, pour approfondir réellement le bonheur de l'humanité, ont manqué leur but. Le bouddhisme met l'accent sur la transformation personnelle, intérieure comme moyen de promouvoir des solutions, durables, aux problèmes du monde.

Alors, que signifie : être un bouddha ? Le mot *bouddha* était un nom commun utilisé en Inde, du vivant de Shakyamuni, le Bouddha historique. C'est un point important dans la mesure où l'illumination n'est pas considérée comme le domaine exclusif d'un seul individu. Les sûtras bouddhiques parlent de l'existence de bouddhas autres que Shakyamuni. Dès lors, en un sens, le bouddhisme ne comprend pas seulement l'enseignement du Bouddha, mais aussi l'enseignement qui permet à tous de devenir des bouddhas.

La vie du Bouddha

À la différence des religions occidentales - judaïsme, christianisme et islam - le bouddhisme ne revendique aucune révélation divine. Au lieu de cela, c'est l'enseignement d'un simple être humain qui, à travers ses propres efforts, s'éveilla à la loi de la vie existant à l'intérieur de lui-même. C'était un homme qui n'a rien laissé par écrit, et au sujet duquel nous ne connaissons que très peu de choses - mais ce que l'on sait est devenu le catalyseur pour le changement de millions de vies.

Le Bouddha historique, dont le nom personnel était Siddharta (ce qui signifie « Celui qui a atteint son but ») et le nom de famille Gautama (« Meilleure vache »), est né dans le nord de l'Inde il y a environ 2 500 à 3 000 ans. Les opinions diffèrent sur la date véritable, mais la recherche récente tend à situer la naissance du Boudha au VIe ou Ve siècle avant notre ère. Même si elle n'est pas exacte, cette datation reste significative. Comme le philosophe allemand Karl Jaspers l'a noté, Siddharta est né à peu près à la même époque que Socrate en Grèce, Confucius en Chine et Isaïe dans le monde juif.

L'apparition simultanée de ces grands hommes, selon Jaspers, marquait l'aurore de la civilisation spirituelle.

Le père de Siddharta était le chef du clan des Shakya, une petite tribu située près de la frontière du Népal, d'où le nom de Shakyamuni (« Le sage des Shakya ») sous lequel le Bouddha finit par être connu. Comme les traces écrites sont insuffisantes, les détails sur le début de sa vie sont sommaires. Nous savons que Siddharta était né prince et vivait dans l'opulence. Et nous savons qu'il était doté d'une vive intelligence et d'une nature encline à l'introspection. Jeune homme, il prit femme, en la personne de Yashodara, qui lui donna un fils, Rahula. Finalement, il renonça à son existence fortunée et privilégiée afin de suivre un chemin de sagesse et de connaissance de soi. Ce qui le conduisit à quitter le luxe de sa maison et la sécurité de sa famille est illustré par la légende des quatre rencontres.

On dit que le jeune prince quitta son palais de Kapilavatsu en quatre différentes occasions. En sortant par la porte est, il rencontra un homme courbé et flétri par l'âge. Laissant le palais par la porte sud, il vit une personne malade. À sa troisième sortie, débouchant de la porte ouest, il vit un cadavre. Enfin, un jour qu'il sortait par la porte nord, il tomba sur un ascète religieux. Le vieil homme, la personne malade et le cadavre représentent les problèmes de la vieillesse, de la maladie et de la mort. Avec la naissance (ou la vie elle-même), ces conditions sont appelées les « quatre souffrances » - les problèmes fondamentaux de l'existence humaine. La raison pour laquelle Shakyamuni abandonna son statut de prince pour une vie ascétique n'avait pas d'autre but que de découvrir comment surmonter ces quatre souffrances.

À la manière des anciens *arhats* indiens, ou saints hommes, qui vagabondaient dans la campagne en quête de l'ultime vérité, Siddharta commença son voyage. Nous savons que le chemin fut ardu et rempli de défis physiques et mentaux. Il voyagea d'abord en direction du sud et entra à Rajagriha, capitale du royaume de Magadha, où il pratiqua sous la direction d'un maître nommé Alara Kalama, dont on disait que, par la méditation, il avait atteint « le royaume où rien n'existe ». Après avoir rapidement atteint le même niveau que ce maître, Siddharta trouva que les questions qu'il se posait n'avaient pas été résolues. Il se tourna vers un autre sage, Uddaka Ramaputta, qui avait atteint « le royaume où il n'y a ni pensée ni non-pensée ». Après être passé maître, là aussi, dans cette méditation, Siddharta n'avait toujours pas trouvé de réponses à ses questions les plus profondes.

Comme l'a écrit Daisaku Ikeda, l'un des principaux interprètes modernes du bouddhisme, dans son livre *La Vie du Bouddha* : *« Pour des maîtres du yoga comme Alara Kalama et Uddaka Ramaputta, la pratique du yoga était devenue une fin en soi [...]. Le yoga et la méditation Zen sont d'excellentes pratiques développées par la religion et la philosophie asiatiques, mais, comme Shakyamuni l'expliqua très clairement, elles devraient être utilisées comme des méthodes pour atteindre une compréhension de l'ultime vérité, et non être considérées comme des fins en soi. »*

Siddharta se lança alors dans une série de pratiques ascétiques, parmi lesquelles l'arrêt temporaire de la respiration, le jeûne et le contrôle de l'esprit. Après avoir tourmenté son corps pendant plusieurs années au point d'avoir failli en mourir, il abandonna finalement les pratiques ascétiques qui l'avaient affaibli et il se mit à méditer sous un pipal - un genre de ficus - appelé plus tard l'arbre de la Bodhi, près de la ville de Gaya. Finalement, autour de la trentaine, il atteignit l'Éveil et devint un bouddha.

L'Éveil du Bouddha

Il est impossible de savoir exactement ce dont le Bouddha prit conscience sous cet arbre. Mais, si l'on se fonde sur ses nombreux enseignements - qui, comme *L'Odyssée* d'Homère, ont été transmis oralement par ses disciples - nous savons qu'en s'asseyant sous le pipal, il chercha à aller au-delà de l'état de conscience ordinaire jusqu'à un état où il se percevait lui-même comme ne faisant plus qu'un avec la vie de l'univers.

On a rapporté que, au cours des premières étapes de sa méditation, Shakyamuni était encore attaché à la distinction entre le sujet (lui-même) et l'objet (le monde extérieur). Il sentait sa propre conscience comme entourée d'un mur - la limite de son corps aussi bien que l'environnement extérieur. Finalement, selon Daisaku Ikeda, dans *La Vie du Bouddha* : « *Shakyamuni avait une vision claire de sa propre vie dans toutes ses manifestations temporelles. Selon les doctrines de la transmigration qui, de longue date, avaient été exposées dans le brahmanisme, la vie d'un être humain n'est, en aucune manière, limitée au présent. Shakyamuni, méditant sous l'arbre de la Bodhi, se souvenait clairement de toutes ses existences précédentes, une par une, et il percevait que son existence présente était une partie de la chaîne ininterrompue de naissance, mort et renaissance qui s'était poursuivie à travers un nombre incalculable d'éons dans le passé.*

Ce n'était pas là seulement quelque chose qui lui était venu comme une sorte d'intuition, pas plus qu'il ne percevait cela comme un concept ou une idée. C'était un souvenir clair et réel – pas très dissemblable, quoique sur un plan très différent, des événements profondément enfouis dans les recoins de notre esprit dont nous nous souvenons soudain quand nous sommes dans un état d'extrême tension ou concentration. »

Il comprit que le véritable aspect de la réalité est l'« impermanence ». Qu'est-ce que cela signifie donc ?

Toutes les choses, tous les phénomènes subissent de constants changements. La vie, la nature, la société ne cessent jamais de changer, même un seul instant. Apparemment, le bureau où vous être assis, ou le livre que vous tenez dans vos mains, ou le bâtiment dans lequel vous vivez sont solides. Mais ils tomberont tous en ruines un jour. Le bouddhisme explique clairement que la souffrance surgit dans notre cœur parce que nous oublions le principe d'impermanence, et que nous croyons que ce que nous possédons durera toujours.

Supposons que vous ayez une belle petite amie ou un charmant petit ami. Passez-vous beaucoup de temps à vous demander à quoi elle, ou il, ressemblera dans trente ou quarante ans ? Non, bien sûr. C'est dans la nature humaine de croire que la santé et la jeunesse dureront toujours. De même, il y a peu de gens riches qui imaginent que leur argent pourrait un jour disparaître. Il n'y a rien à redire à cette façon de penser. Cependant, nous souffrons parce que nous avons ce genre de conceptions. Vous pouvez toujours désirer conserver votre partenaire dans sa jeunesse et sa beauté pour toujours, et faire des efforts intenses pour faire durer l'amour. Pourtant, si et quand le jour viendra où vous devrez vous séparer de l'être aimé, vous éprouverez la plus grande peine qui soit. Parce que les gens veulent accumuler de la richesse, certains iront jusqu'à se battre contre d'autres ; et s'ils perdent cette richesse, ils devront goûter le fruit amer de la souffrance. Même l'attachement à la vie entraîne aussi de la souffrance, parce que nous avons peur de la mort. Le bouddhisme nous enseigne à reconnaître ces cycles d'impermanence et à avoir le courage de les accepter.

Outre la compréhension de l'impermanence, on dit que l'interrelation entre toutes choses s'est révélée à l'esprit éveillé de Shakyamuni. L'univers et tout ce qu'il contient sont en flux constant, surgissant et s'arrêtant, apparaissant et disparaissant, dans un cycle sans fin conditionné par la loi de causalité. Toutes choses sont sujettes à la loi de cause et d'effet, et, par conséquent, rien ne peut exister indépendamment des autres choses. Cette conception bouddhique de la causalité est aussi connue sous le nom de « production conditionnée ». Shakyamuni s'est éveillé à la loi éternelle de la vie qui pénètre l'univers, l'aspect mystérieux de la vie par lequel toutes choses dans l'univers sont en interrelation et s'influencent mutuellement dans un cycle sans fin de naissance et de mort.

La substance de l'éveil de Shakyamuni est rendue par le concept des Quatre Nobles Vérités, qui explique que : 1) toute existence est souffrance ; 2) la souffrance est causée par le désir égoïste ; 3) l'extinction du désir égoïste apporte la cessation de la souffrance et permet d'atteindre le nirvana, ; 4) il y a un chemin qui nous amène à l'extinction de ce désir, à savoir la discipline de l'Octuple Sentier. Ici nous pouvons voir les premières indications selon lesquelles le processus pour atteindre le bonheur absolu - libéré des souffrances de la vie - est un chemin, ou un voyage. Nous y reviendrons.

Dissiper l'ignorance et établir une vision correcte sont les objectifs centraux de la pratique bouddhique, et constituent aussi la motivation qui initia une recherche de 2 500 ans - commencée avec Shakyamuni lui-même - pour identifier le véhicule (ou méthode) qui pourrait « transporter » un pratiquant bouddhiste le long du chemin menant à la cessation des souffrances et à la réalisation du bonheur absolu. Toutes les différentes écoles et pratiques bouddhiques se sont développées dans un effort pour créer un tel véhicule.

Pendant quelque temps après son éveil, Shakyamuni resta assis sous l'arbre de la Bodhi dans un état de joie. Cependant, quand il fit sa rentrée dans le monde, il commença rapidement à être préoccupé par l'idée que son illumination à la loi de la vie pourrait s'avérer difficile à communiquer. Comme la profondeur de sa compréhension surpassait grandement celle des chercheurs spirituels les plus avancés de son temps, il prépara ses auditeurs en les instruisant d'abord par des paraboles et des analogies faciles à comprendre. De cette manière, Shakyamuni éveilla progressivement ceux à qui il enseignait, tout en restant attaché à atteindre son but ultime qui était de montrer à tous les gens qu'ils possédaient l'état de bouddha. Ainsi qu'il l'affirme dans un passage révélateur du Sûtra du Lotus :

« *À tout moment je m'interroge :*
"Comment puis-je permettre aux êtres vivants
d'accéder à la voie inégalée
et d'acquérir rapidement le corps d'un bouddha ?" »[4]

Ce n'était pas une tâche facile. Shakyamuni passa les quarante dernières années de sa vie à prêcher à des gens qui souffraient, de la manière la plus adaptée à leur compréhension. Sous cet angle-là, nous voyons que l'idée du bouddhisme comme domaine réservé de saints hommes méditant au sommet des montagnes est erronée.

Shakyamuni n'a jamais eu l'intention de limiter ses enseignements à un groupe restreint d'adeptes. Tous les témoignages suggèrent qu'il souhaitait que ses enseignements soient largement diffusés et qu'ils soient adoptés par les hommes - et les femmes - ordinaires. Ses leçons furent compilées sous la forme de ce qu'on appelle les 84 000 enseignements, lesquels, comme les enseignements de Jésus, ont été interprétés et réinterprétés au fil des siècles. Toutefois, le problème principal pour les

4. *Le Sûtra du Lotus*, chapitre XVI, p. 222, Les Indes savantes, 2007.

bouddhistes, à travers les millénaires, n'a pas tant été de savoir ce que le Bouddha avait dit, mais comment mettre ses enseignements en pratique. Comment, en essence, expérimenter l'illumination du Bouddha, sa sagesse transcendante ? Comment devenir soi-même un bouddha ?

La route vers l'illumination

Il y a aujourd'hui de nombreuses écoles du bouddhisme, peut-être des milliers. Le savant britannique Christmas Humphreys a écrit un jour : *« Décrire le bouddhisme est aussi difficile que de décrire Londres. Est-ce Mayfair, Bloomsbury, ou Old Kent Road ? Ou est-ce le plus petit commun dénominateur de tous ces quartiers, ou leur totalité, et quelque chose en plus ?»*[5]

Comme la philosophie bouddhique s'est répandue lentement à partir de l'Inde, vers le nord à travers le Tibet et la Chine, vers le sud en Thaïlande et en Asie du Sud-Est, elle a tendu à absorber les coutumes et croyances religieuses locales, et à être influencées par elles. Le bouddhisme qui s'est diffusé vers le Tibet et la Chine, et finalement vers la Corée et le Japon, fut appelé Mahayana, ce qui signifie « Grand Véhicule ». Celui qui s'est diffusé vers l'Asie du Sud-Est et Sri Lanka a reçu le nom de Hinayana ou « Petit Véhicule », un terme péjoratif appliqué par les Mahayanistes.

Les écoles Hinayana, qui se fondent sur les premiers enseignements de Shakyamuni, insistent, de façon caractéristique, sur un code strict et très détaillé de conduite personnelle destiné à obtenir son propre salut personnel. La seule école Hinayana existant encore aujourd'hui est celle du Théravada, ou « Enseignement des Anciens ».

Les écoles Mahayana soulignent la nécessité pour le bouddhisme d'être un moyen compatissant permettant aux personnes ordinaires d'atteindre l'illumination - de chercher une méthode pratique qui puisse servir de véhicule au plus grand

---

5. Il s'agit de quartiers très différents de Londres. On pourrait appliquer cette image à n'importe quelle ville connue.

nombre (d'où le nom de « Grand Véhicule ») pour faire le trajet vers la boddhéité.

La profusion de sûtras et de théories bouddhiques différents finit par devenir une source de grande confusion, particulièrement en Chine au cours des Ier et IIe siècles de notre ère. À cette époque, les lettrés chinois étaient confrontés à l'introduction anarchique des différents sûtras des nombreuses écoles Hinayana aussi bien que des écrits Mahayana. Embarrassés par la diversité de ces enseignements, les bouddhistes chinois entreprirent de comparer et de classer les sûtras.

Au Ve siècle de notre ère, la systématisation du canon bouddhique était très avancée. Un moine bouddhiste, en particulier, nommé Zhiyi, connu ensuite comme le Grand Maître Tiantai (ou T'ien-t'ai), mit au point le classement définitif des sûtras connu par la formule « les cinq périodes et les huit enseignements ». Se fondant sur sa propre illumination, qui pouvait probablement rivaliser avec celle de Shakyamuni, Tiantai conçut un système de classification des sûtras, aussi bien du point de vue chronologique que du point de vue de leur profondeur doctrinale. Il détermina que le Sûtra du Lotus, l'avant-dernier enseignement (dans l'ordre chronologique), que Shakyamuni avait exposé vers la fin de sa vie, contenait la vérité ultime. Tiantai formula cette vérité comme le principe des « trois mille mondes en un seul instant de vie ». Ce principe utilise une approche des phénomènes décrivant toutes les émotions et les états mentaux en changements incessants, auxquels les êtres humains sont sujets à chaque instant donné. La théorie des « trois mille mondes en un seul moment de vie » considère que l'ensemble des phénomènes innombrables de l'univers sont inclus dans un seul moment de la vie du commun des mortel.[6] Ainsi le macrocosme est-il contenu dans le microcosme.

L'immense dimension de la vie - à laquelle Shakyamuni s'était éveillé sous l'arbre de la Bodhi - était hors de portée de la conscience humaine ordinaire. Tiantai a formulé cette vérité ultime par le principe des « trois mille mondes en un seul instant de vie », reconnaissant que le Sûtra du Lotus était

6. Y compris l'état de bouddha, comme le montre la suite.

le seul sûtra à affirmer que toutes les personnes - hommes et femmes, bons et mauvais, jeunes et vieux - avaient le potentiel pour atteindre la boddhéité de leur vivant.

Une question cruciale subsistait : comment les gens ordinaires pouvaient-ils appliquer cela à leur propre vie ? À cette fin, Tiantai recommandait une pratique rigoureuse d'observation de l'esprit au moyen de la méditation, en approfondissant de plus en plus profondément jusqu'à ce que la vérité ultime des trois mille mondes en un seul instant de vie soit saisie. Malheureusement, ce type de pratique n'était réalisable que par des moines, qui avaient tout leur temps pour méditer sur le message implicite contenu dans le Sûtra du Lotus, tandis que cela était à peu près impossible pour des gens qui travaillaient pour gagner leur vie et avaient d'autres préoccupations à l'esprit.

L'épanouissement complet du bouddhisme ne devait pas se réaliser avant que celui-ci ne migre jusqu'au Japon, le long des routes du commerce. Le bouddhisme ne serait pas aussi largement pratiqué et respecté aujourd'hui sans le courage incroyable et la perception pénétrante d'un moine japonais du XIIIe siècle nommé Nichiren, dont l'interprétation aiguë du Sûtra du Lotus eut un impact direct sur les gens et leurs vies quotidiennes.

Le bouddhisme moderne

Nichiren, né au Japon en 1222, donna une expression concrète et pratique à la philosophie bouddhique de la vie que Shakyamuni avait enseignée et que Tiantai avait éclairée. Il exprima le cœur du Sûtra du Lotus, et donc l'illumination du Bouddha, sous une forme accessible à tous. Il définit celle-ci par l'invocation *Nam-myoho-renge-kyo*, basée sur le titre du Sûtra du Lotus.

Son exploit était semblable à celui de traduire une théorie scientifique complexe en une technique pratique. Tout comme la découverte de l'électricité par Benjamin Franklin ne fut pas exploitée pour un usage pratique avant un certain nombre d'années - jusqu'à ce que Thomas Edison invente l'ampoule électrique - l'illumination de Shakyamuni fut inaccessible à tous, sauf à un petit nombre, jusqu'à ce que Nichiren enseigne la pratique fondamentale grâce à laquelle tous les gens pouvaient faire surgir la loi de la vie de l'intérieur d'eux-mêmes. La concrétisation de ce principe eut le pouvoir de toucher directement et d'émouvoir les gens qui le rencontrèrent, annonçant ainsi une nouvelle époque dans l'histoire du bouddhisme.

Nichiren avait révélé l'enseignement Mahayana ultime - le grand véhicule - grâce auquel tous les gens pouvaient effectuer le voyage vers la boddhéité. Selon ses propres mots, *« une mouche bleue, si elle s'accroche à la queue d'un cheval pur-sang peut parcourir plus de 20 kilomètres, et le lierre vert qui s'enroule autour d'un grand pin peut monter à 300 mètres. »*[7] Pour la première fois, des gens ordinaires pouvaient entreprendre un voyage qui, auparavant, n'était accessible qu'aux saints et aux sages.

Le bouddhisme de Nichiren s'est révélé être d'une profonde valeur pour des millions de gens. C'est Nichiren qui a exprimé l'essence du Sûtra du Lotus d'une manière qui permettait à tous les êtres humains, sans considération de leur niveau de connaissance, de franchir la porte de l'illumination. C'était là un tournant révolutionnaire dans l'histoire des religions.

Alors que le bouddhisme a commencé avec l'enseignement d'un être humain qui s'est éveillé à la loi de la vie existant à l'intérieur de lui-même, il a fini par inclure les interprétations de cet enseignement par les savants et les prophètes ultérieurs. Comme nous l'avons indiqué, le mot bouddha voulait dire, à l'origine, l'« Eveillé », celui qui s'est éveillé à la vérité éternelle, ou loi de la vie (*dharma*). Cette vérité est éternelle et sans limites. Elle est présente toujours et partout. En ce sens, la loi de la vie n'est pas la propriété exclusive du Bouddha Shakyamuni ou des moines bouddhistes.

La vérité est ouverte à tous également. Dans le bouddhisme qui est décrit dans ces pages, il n'y a ni prêtres ni gourous, ni d'autorité suprême qui décide ce qui est correct ou incorrect, ce qui est bien et mal. Dans ce bouddhisme, le mur entre les

7. On a converti ici des mesures japonaises médiévales. Il est entendu que ces chiffres ont surtout une valeur symbolique.

moines et les laïques a été renversé, ce qui a conduit à une complète démocratisation de la pratique. Parce qu'il est essentiellement non dogmatique, ce bouddhisme convient aux sceptiques parmi nous. La loi ultime et éternelle que le Bouddha a perçue peut être considérée comme un autre nom pour le concept de Dieu auquel adhèrent certaines personnes. Mais, en même temps, une personne qui ne peut croire en un dieu anthropomorphique peut cependant percevoir une énergie sous-jacente dans l'univers. La largeur de vue du bouddhisme englobe ces deux conceptions opposées et elle met l'accent sur l'individu.

Il n'y a aucune source extérieure à blâmer - et aucune à implorer - pour notre salut. Dans le bouddhisme, aucun dieu ou entité surnaturelle n'organise ni ne détermine notre sort. Dans la religion, en Occident, vous pouvez vous rapprocher de Dieu par la foi, mais vous ne pouvez jamais devenir Dieu. Dans le bouddhisme, on ne peut jamais être séparé de la sagesse de Dieu, parce que la sagesse ultime existe dans le cœur de chaque personne. Par la pratique bouddhique, nous cherchons à faire surgir cette part de la force de vie universelle qui existe originellement et éternellement en nous - ce que nous appelons boddhéité - et à la manifester en devenant bouddha. Les bouddhistes prennent conscience de l'existence, au plus profond d'eux-mêmes, de la loi éternelle qui pénètre à la fois l'univers et l'être humain individuel. Ils cherchent à vivre chaque jour conformément à cette loi. En agissant ainsi, ils découvrent un mode de vie qui redirige toutes choses vers l'espoir, la valeur et l'harmonie. C'est la découverte de cette loi objective elle-même - qui se manifeste à l'intérieur de l'individu - qui crée de la valeur spirituelle, et non une puissance ou un être extérieur. Comme Nichiren l'affirme dans une lettre fameuse intitulée « Sur l'atteinte de la boddhéité en cette vie » : *« Votre pratique du bouddhisme n'atténuera pas si peu que ce soit les souffrances de la naissance et de la mort tant que vous n'aurez pas perçu la véritable nature de votre vie. Si vous cherchez l'illumination en dehors de vous-même, même dix mille pratiques et dix mille bonnes actions seront inutiles. C'est comparable à un homme pauvre qui compterait jour et nuit la fortune de son voisin sans même gagner la moitié d'un sou. »*

Cette idée que le pouvoir d'atteindre le bonheur réside entièrement à l'intérieur de nous-même peut être déconcertante. Elle implique un sens radical de la responsabilité. Comme l'a écrit Daisaku Ikeda : *« La société est complexe et rude. Elle exige que vous luttiez dur pour survivre. Personne ne peut vous rendre heureux. Que vous soyez heureux ou non ne dépend que de vous. (...) Un être humain est destiné à une vie de grande souffrance s'il est faible et vulnérable à ce qui l'entoure. »*

Mais loin d'être une approche austère et nihiliste de la vie, la pratique et la philosophie bouddhiques sont emplies d'espérance et de solutions pratiques aux problèmes de la vie quotidienne. La philosophie qui est décrite dans ce livre est si pratique que nous n'en parlons pas comme d'une « religion » (bien que cela en soit une), mais comme d'une « pratique » parce que la plupart des gens qui la suivent l'ont trouvée extrêmement utile. Ainsi, dans ce livre, même si nous discuterons amplement de la théorie et de la philosophie du bouddhisme moderne, l'accent sera mis sur la question de savoir comment vous, en tant qu'individu, vous pouvez utiliser le bouddhisme comme un puissant outil pour résoudre les problèmes de la vie quotidienne.

Comme Nichiren le rappelle en citant le Sûtra du Lotus, *« rien des affaires du monde n'est jamais contraire à la réalité véritable »* et, bien plus, *« tous les phénomènes dans l'univers sont des manifestations de la loi bouddhique »*. En d'autres termes, la vie quotidienne est la scène du drame sur laquelle on gagne ou l'on perd la bataille pour l'illumination. Nichiren a enseigné que les mortels ordinaires, sans supprimer leurs désirs ni changer leur identité, peuvent atteindre la boddhéité ici même dans ce monde. À une époque de scepticisme et de méfiance largement répandue à l'égard des religions et des institutions traditionnelles, une pratique religieuse centrée sur soi devient d'autant plus précieuse.

Le bouddhisme est essentiellement non autoritaire, démocratique, scientifique et il est fondé sur des perceptions pénétrantes, obtenues principalement par des efforts individuels qui sont menés pour le perfectionnement de soi-même. Mais le bouddhisme a aussi des effets immédiats et à longue portée sur la société qui nous entoure. Le bouddhisme est un mode de vie qui ne fait aucune distinction entre l'être humain individuel et l'environnement dans lequel vit cette personne. Par son concept d'interrelation de toutes les formes de vie en un réseau complexe par delà toute compréhension humaine, le bouddhisme a fourni un cadre spirituel et intellectuel pour une conscience environnementale. La vision occidentale du monde, telle qu'elle est exposée par le christianisme et le judaïsme, tend à être anthropocentrique, plaçant l'humanité au sommet de l'ordre naturel. Le bouddhisme, pour sa part, considère l'humanité comme une partie de la nature, soutenant et promouvant ainsi la notion de bioéthique. Etant donné que chaque individu est relié à toute chose sur terre, la destinée de notre planète est influencée par les actions de chaque individu.

Le bouddhisme moderne est également non moraliste. Dans un monde caractérisé par une grande diversité de peuples, de cultures et de styles de vie, le bouddhisme ne prescrit pas de mode de vie particulier. Il n'y a pas de « commandements ». Le bouddhisme vous accepte exactement comme vous êtes, avec vos petits défauts et vos écarts de conduite, passés et présents. Cela ne signifie pas, cependant, que vous pouvez mentir, voler ou tuer. La force morale du bouddhisme ne dépend pas d'une liste de règles de conduite, mais d'une transformation intérieure irrésistible. Les pratiquants bouddhistes se sentent agir avec plus de douceur et de compassion, et avec une considération absolue pour le caractère précieux de la vie des autres personnes, dans un processus qui devient presque automatique.

Le bouddhisme et le cosmos

Finalement, rien de ce que le Bouddha historique a enseigné ne contredit en quoi que ce soit les découvertes de Galilée et d'Einstein, de Darwin et de Freud. Pourtant, ses idées se sont formées des milliers d'années auparavant, sans l'aide des télescopes, de la haute technologie, ni même de l'écriture. Le modèle bouddhique de l'univers ressemble fortement à la cosmologie telle qu'elle est acceptée aujourd'hui. Alors que le

Bouddha n'a jamais parlé en termes de « Big Bang », il postulait néanmoins un cosmos qui est théoriquement compatible avec ce que de nombreux scientifiques proposent maintenant. De manière fondamentale, la théorie bouddhique accepte les concepts de dimensions infinies et d'espace-temps de la physique moderne, et elle est même conforme aux domaines plus abstrus de la théorie quantique. Les articles sur les dernières percées en physique des particules, par exemple, offrent une remarquable ressemblance avec la doctrine de l'impermanence telle qu'elle est exposée par le Bouddha.

Dans le Sûtra du Lotus - le texte central du bouddhisme Mahayana - est exposée une vision de l'univers à une échelle prométhéenne, exprimée sous la forme de ce qu'on appelle un « système de monde majeur », un concept à très vaste échelle qui implique à la fois l'existence d'innombrables galaxies, ainsi que la possibilité de vie sensible sur les planètes extérieures à la nôtre. En même temps, il contient une analyse détaillée de la vie qui pénètre dans les profondeurs du psychisme humain. Ainsi, le bouddhisme Mahayana tient pour une prémisse de base l'existence de nombreux mondes porteurs de vie à travers l'univers, tout en décrivant simultanément le bouddhisme comme la force agissante qui permet aux êtres humains individuels de provoquer leur propre réforme spirituelle, assurant de ce fait la paix éternelle et la survie des civilisations.

Au cours de son histoire de 2 500 ans, la diffusion du bouddhisme a été caractérisée par la tolérance, la douceur et l'amour de la nature. Comme le savant français Sylvain Lévi[8] l'a déclaré : *« Le bouddhisme est en droit de revendiquer l'honneur d'avoir conquis une partie du monde sans avoir jamais recouru à la violence et sans avoir jamais recouru à la force des armes. »* En fait, l'objectif des bouddhistes, et le but sous-jacent de ce livre, c'est la paix mondiale. En bouddhisme, nous disons : « La paix mondiale à travers l'illumination individuelle. » Une société pacifique et sûre résultera d'un processus de dialogue individuel - de personne à personne - jusqu'à ce que la guerre et ses

---

8. Sylvain Levi (1863-1935). Indianiste français, historien du Népal et spécialiste du bouddhisme. Il fut professeur au Collège de France.

causes sous-jacentes disparaissent de la terre. Pour toutes ces raisons, le bouddhisme est appelé à jouer un rôle dynamique dans l'émergence de la culture scientifique du XXIe siècle.

Avec cette idée brillante en toile de fond, nous allons maintenant nous tourner vers la question de la pratique individuelle, qui contient la loi secrète que Nichiren a découverte cachée dans les profondeurs du Sûtra du Lotus. En effet, avant que nous puissions changer la destinée du monde, nous devons d'abord nous changer nous-mêmes.

CHAPITRE II

La pratique

Être philosophe, ce n'est pas seulement avoir
des pensées pénétrantes, ni même fonder une école...
C'est résoudre quelques-uns des problèmes de la vie,
non pas de façon théorique, mais pratique.
Henry David Thoreau[1]

Il n'y a d'autre voie pour sortir de cette grande pagaille
que de devenir éveillé et ensuite de s'en réjouir.
Robert Thurman[2]

Un cygne semble nager calmement, mais, sous la surface de l'eau, ses pattes rament continuellement sans que nous puissions le voir. De même, le bouddhiste a une pratique quotidienne

---

1. Henry David Thoreau (1817-1862). Ecrivain américain. Dans son essai *La Désobéissance civile* (*Civil Desobedience*, 1849), Thoreau proclame son hostilité au gouvernement américain, qui tolère l'esclavagisme et mène une guerre de conquête au Mexique. L'essai eut une grande influence sur le Mahatma Gandhi et sur Martin Luther King. Adepte du christianisme unitarien, il s'intéressa au bouddhisme et au Sûtra du Lotus.

2. Robert Thurman, professeur d'études sino-tibétaines à l'université Columbia (New York), est un des spécialistes les plus connus du bouddhisme aux États-Unis. Il fut le premier Américain ordonné moine (tibétain), en 1965, par le Dalaï Lama, dont, tout en renonçant entre-temps à l'état monastique, il est resté un proche.

vigoureuse qui, bien qu'elle ne soit pas sans effort, aplanit le chemin pour que les choses de la vie aillent bien. Cette pratique nous permet d'aborder les peines de l'existence avec sérénité et équilibre. L'illumination, ou conscience de la vérité universelle, qui est à la base de tous les phénomènes, fait ressortir les aspects les plus nobles et les plus gratifiants de la vie d'une personne.

Quelle est donc la pratique quotidienne correcte du bouddhisme qui nous permet de progresser vers l'illumination ?

Au milieu de la symphonie changeante du monde extérieur, la vie change à chaque instant. Même la chaise sur laquelle vous êtes assis change au niveau moléculaire, bien que le changement vous soit imperceptible. Ce constant changement, ou fluctuation, exprimé par le concept bouddhique d'« impermanence », donne naissance aux souffrances fondamentales de l'existence humaine. Mais, de temps en temps, au milieu du flux de la vie, peut-être pendant un bref instant, nous réussissons à percevoir, derrière toutes choses, un rythme, un bourdonnement ou une vibration. De tels moments de compréhension et de prise de conscience surviennent souvent lors d'une expérience de beauté et de tranquillité extraordinaires - par exemple, en contemplant un splendide coucher de soleil durant les vacances, aux Antilles. Ou bien un tel moment peut survenir pendant l'exécution d'une prestation exceptionnelle, comme, peut-être, celle d'escalader une paroi rocheuse abrupte, ou en jouant un concerto particulièrement difficile, ou en attrapant une passe parfaitement lancée, juste au-delà de la portée de deux défenseurs... Quand un tel moment arrive, c'est comme si nous étions dans une zone extraordinaire où le monde imprévisible de l'extérieur et le monde turbulent de l'intérieur se mêlent. Le temps est suspendu, et nous sentons soudainement qu'il n'y a rien que nous ne puissions faire.

Mais comment faire survenir ces moments sublimes toutes les fois que nous le voulons ? Comment puiser à cette source d'énergie et de sagesse quand nos propres vies et la vie de l'univers semblent, brièvement, vibrer de la même harmonie merveilleuse ?

Le maître bouddhiste Nichiren, qui a vécu et écrit au XIIIe siècle, définissait ce rythme, ou cette vibration, comme étant *Nam-myoho-renge-kyo*. C'est ce qui permet à chacun de puiser à volonté dans ce potentiel illimité, cet état de vie supérieur, que nous appelons boddhéité. Dans les écrits de Nichiren, l'illumination n'est pas une destination finie, un but presque impossible à atteindre, vers lequel on doit parvenir vie après vie, dans un drame sans fin comme celui de Sisyphe.[3] C'est plutôt une qualité immanente, présente à chaque instant dans toute vie, qui attend d'être éveillée à n'importe quel moment donné.

D'après cet enseignement bouddhique, chacun de nous possède le potentiel du bonheur. Il y a en nous la capacité de vivre avec courage, d'avoir des relations qui nous comblent, de jouir d'une bonne santé, de témoigner de la compassion aux autres, de faire face à nos problèmes les plus graves, et de les surmonter. Pour vivre une telle vie victorieuse, l'individu doit entreprendre une transformation intérieure. Ce processus implique une transformation de notre caractère même, une « révolution humaine » individuelle.

Considérons le scénario suivant. Peut-être vous sentez-vous sous-estimé au travail. Il est possible que votre patron soit agressif ou vous ignore. Au bout de quelque temps, vous commencez à avoir du ressentiment. Quand bien même vous seriez doué pour dissimuler votre négativité, celle-ci pointe de temps à autre sa vilaine figure. Peut-être que ceux qui travaillent avec vous, ou votre patron, vous perçoivent à leur tour comme quelqu'un qui ne se consacre pas entièrement à son travail, ou peut-être sentent-ils que vous avez une attitude négative. Bien sûr, il y a des myriades de raisons qui justifient votre attitude, qui, toutes, sont « valables ». Mais, quelles que soient ces raisons, vous avez manqué des occasions d'avancement à cause de relations médiocres avec votre patron. C'est un scénario courant dans le monde du travail aujourd'hui.

Mais supposez que vous commenciez à venir au travail avec une nouvelle attitude qui ne soit pas juste due à un effort de volonté, mais à une perspective nouvelle soutenue par un sentiment profond de vitalité, de confiance et de compassion.

---

3. Pour avoir osé défier les dieux, Sisyphe fut condamné à rouler éternellement une pierre jusqu'en haut d'une colline alors qu'elle redescendait chaque fois avant de parvenir à son sommet.

Votre compassion vous conduit à éprouver de l'empathie pour la situation de votre patron. Armé de compréhension, vous traitez votre patron différemment, lui offrant votre soutien et vous sentant vous-même de moins en moins découragé par la négativité que lui, ou elle, pourrait manifester à votre égard. Votre patron commence à vous regarder sous un jour nouveau. Les opportunités se présentent alors d'elles-mêmes.

C'est là, évidemment, un exemple très simple, et apparemment simple à réaliser. Mais vivre de cette manière chaque jour requiert de changer fondamentalement son cœur. Quand le changement est effectué, comme dans un effet de dominos sans fin, nous pouvons avoir un impact positif continuel sur les gens autour de nous. Le catalyseur pour faire l'expérience de cette révolution est la pratique du bouddhisme telle qu'elle est enseignée par Nichiren, lequel a affirmé que l'on pouvait obtenir ces résultats, et beaucoup plus encore, simplement en récitant *Nam-myoho-renge-kyo.*

Cette pratique bouddhique fondamentale, établie par Nichiren, consiste à réciter la phrase *Nam-myoho-renge-kyo* devant le *Gohonzon*, un parchemin sur lequel sont inscrits des caractères chinois et sanscrits. (Il n'est pas nécessaire d'avoir un *Gohonzon* pour commencer à pratiquer le bouddhisme, mais des millions de gens en ont un. Nous en dirons davantage plus loin.) On récite *Nam-myoho-renge-kyo* pour atteindre l'illumination, bien sûr, mais on peut aussi le réciter avec l'intention de parvenir au bonheur, de connaître un développement personnel ou pour des objectifs plus matériels, comme résoudre l'impasse professionnelle décrite ci-dessus. En fait, vous pouvez pratiquer pour tout ce que vous voulez [on appelle « pratiquer », le fait de réciter *Nam-myoho-renge-kyo*].

Comme le Bouddha Shakyamuni avant lui, Nichiren souhaitait conduire tous les êtres humains à l'illumination. Dans de nombreuses écoles bouddhiques, l'illumination semble un but lointain qui ne peut être atteint qu'après de nombreuses vies de patients efforts, et le processus pour y parvenir semble un exploit quasi surhumain. Les stratégies bouddhiques traditionnelles ont inclus des austérités sévères, certaines d'entre elles comprenant des changements rigoureux de régime alimentaire et de style de vie. Tout au long de l'histoire, les bouddhistes ont fait retraite dans les forêts, les montagnes et les monastères. Mais, de nos jours, la plupart des gens ne peuvent quitter leur travail et leurs occupations journalières pour partir en retraite spirituelle prolongée – même si c'est juste pour un week-end. Il n'est pas plus réalisable, pour eux, de se consacrer, par périodes, à la vie monastique, en partant en Inde, par exemple, une ou deux fois par an. Nichiren, au XIIIe siècle, a trouvé un moyen de raccourcir le voyage.

Nichiren et le Sûtra du Lotus

À partir de l'âge de douze ans, Nichiren, le fils d'un pêcheur, commença à étudier les sûtras, faisant le vœu de devenir « l'homme le plus sage du Japon ». Né le 16 février 1222, il vécut à une époque de foisonnement religieux et de bouleversements politiques, quand les seigneurs féodaux luttaient pour le pouvoir et que le Japon était gouverné par des shoguns héréditaires. Au XIIIe siècle, le Japon fut souvent frappé par des épidémies de peste, par l'instabilité politique et par des tremblements de terre, et il était exposé à la menace imminente d'une invasion étrangère. À l'âge de seize ans, Nichiren fut ordonné moine, et il commença une sérieuse étude comparative de la collection confuse des enseignements bouddhiques, particulièrement ceux de l'école Tendai, basés sur les enseignements du sage chinois Tiantai. Il examina aussi les enseignements des écoles de la Terre Pure et du Zen, qui s'étaient rapidement répandus dans la période de troubles sociaux qui avait suivi le déclin de l'aristocratie impériale et la montée de la classe des samouraïs. Les enseignements de la Terre Pure étaient devenus très populaires parmi les gens du peuple en général, tandis que le Zen avait du succès parmi les samouraïs. Nichiren, cependant, comprenait clairement que la plupart des gens restaient ignorants de leur propre nature de bouddha, et, même si ces derniers en acceptaient théoriquement le concept, ils n'avaient pas la moindre idée de la manière de la mettre en action dans leurs vies quotidiennes.

Bien que Nichiren reconnût les mérites de Tiantai dans la classification des sûtras et, en particulier, dans le fait d'établir la supériorité du Sûtra du Lotus sur tous les autres sûtras, il comprit que les méthodes de méditation que Tiantai avaient prescrites dépassaient la capacité des gens ordinaires. Il constatait aussi que les moines des différentes écoles bouddhiques, depuis les temples de Kyoto jusqu'aux monastères du mont Hiei, menaient des vies particulièrement dissolues. Ils rivalisaient entre eux pour la renommée et le profit. Ils commencèrent finalement à rechercher le pouvoir politique et à s'éloigner du peuple. Dès lors, il n'est pas étonnant que le bouddhisme ait été incapable d'aider les gens à trouver le bonheur dans leurs vies quotidiennes.

Le 28 avril 1253, Nichiren déclara pour la première fois que *Nam-myoho-renge-kyo* était l'unique loi véritable, le grand « secret » caché dans les profondeurs du Sûtra du Lotus. Au premier abord, il utilisa *Myôhô Renge Kyô* - qui est la lecture japonaise du titre du Sûtra du Lotus, ainsi que l'avait transcrit le linguiste Kumarajiva du sanscrit au chinois - pour exprimer l'idée d'illumination, ajoutant le mot *Nam*, qui signifie « dévotion à ». Dans une perspective plus profonde, il rendait l'illumination de Shakyamuni, exprimée de façon conceptuelle dans le Sûtra du Lotus, accessible pour la première fois à tous. Ce fut un énorme progrès dans l'histoire du bouddhisme, sans parler du commencement d'une révolution dans l'idée même de religion.

Le bouddhisme de Nichiren n'exige pas la renonciation aux désirs humains, ni leur suppression. C'était là un changement fondamental de perspectives par rapport aux autres écoles bouddhiques, qui insistent sur l'extinction des désirs terrestres pour atteindre la plus haute sagesse. Nichiren déclara que la source de tout désir est la vie elle-même. Aussi longtemps que la vie continue, nous voulons instinctivement vivre, cultiver l'amour, rechercher le profit, et ainsi de suite. Puisque le désir surgit du tréfonds de la vie, il est virtuellement indestructible. Même la soif d'illumination est une forme de désir.

La civilisation a progressé, du fait des instincts et des désirs des hommes et des femmes. La recherche de la richesse a produit la croissance économique. La volonté de défier le froid de l'hiver a conduit au développement des sciences naturelles. L'amour, qui est un désir humain fondamental, a inspiré la littérature.

Non seulement nous pouvons réaliser nos désirs quand nous nous changeons nous-même de l'intérieur, mais les désirs eux-mêmes commencent aussi à changer. Ils se purifient ou s'élèvent. Et nos désirs servent de combustible, nous poussant en avant vers notre illumination. Les disciples de Nichiren récitent matin et soir pour leurs désirs personnels, sur la toile de fond des désirs plus vastes pour l'illumination individuelle et la paix mondiale. Ce processus de révolution humaine intérieure - la transformation des désirs - est entremêlé de façon inextricable avec la réforme du milieu environnant. Les bouddhistes travaillent inlassablement pour apporter la paix et l'harmonie dans leur travail, leurs familles et leurs communautés, tout en luttant avec ténacité pour manifester la Loi de l'intérieur. Personne n'est obligé d'aller au sommet de la montagne. Pourtant, nous grimpons chaque jour. Matin et soir, les bouddhistes gravissent la montagne de l'illumination au moyen de la pratique bouddhique dans leurs propres demeures.

Dans les termes des anciennes conceptions religieuses indiennes, la phrase *Nam-myoho-renge-kyo* aurait été décrite comme un mantra, et le *Gohonzon*, le manuscrit devant lequel on récite, comme un mandala. Mais la pratique du bouddhisme de Nichiren est tout sauf une forme passive de méditation ; c'est plutôt une expression dynamique de la pensée et de l'esprit. Les résultats peuvent se manifester eux-mêmes sous des formes à la fois subtiles et spectaculaires. Pour prendre un exemple : dans l'autobiographie de Tina Turner, *I, Tina*,[4] qui a servi de base au film *What's Love Got to Do With It?* (« Qu'est-ce que l'amour a à voir là-dedans ? »),[5] Tina décrit son incapacité à faire appel à la force intérieure pour échapper aux abus et à la brutalité de longue date de son mari. C'est une histoire

4. *I, Tina* (« Moi, Tina ») est une autobiographie de la chanteuse afro-américaine de rock (R & B et Soul) Tina Turner (née en 1939). Tina Turner est connue pour son appartenance à la Soka Gakkai. L'ouvrage a été publié en 1986.
5. Le film est sorti en 1993, en France, sous le titre *Tina*.

bien connue, analogue à des situations dans nos propres vies, dans lesquelles nous nous sentons complètement piégés. Rien ne semble marcher : il n'y a, en apparence, aucun moyen pour sortir de notre souffrance et des circonstances. Mais après qu'une de ses connaissances eut enseigné à Tina à réciter *Nam-myoho-renge-kyo*, elle commença immédiatement à reprendre le dessus. Surmontant sa propre timidité, Tina s'achemina vers la conquête de sa liberté. Finalement, elle se lança dans une carrière indépendante, obtenant un fabuleux succès. Dans son cas, la récitation de *Nam-myoho-renge-kyo* lui donna la force d'agir, lui apportant l'élan pour changer sa destinée pour le meilleur. Son besoin primordial, ce n'était pas la paix intérieure, mais la détermination orientée vers l'extérieur. Dans des cas innombrables, les pratiquants bouddhistes remplacent la résignation par une attitude de lutte joyeuse.

Dans de nombreuses formes de méditation, il peut être difficile de discerner si nous sommes en train de méditer de façon correcte - ou même si nous méditons tout court. L'esprit peut facilement être distrait par les soucis, les fantasmes et d'autres pensées. Par contraste, la récitation sert à concentrer l'esprit. On récite sur un rythme ferme et vigoureux (mais pas fort, au point de déranger les voisins ou de donner mal de tête à son/sa camarade de chambre).

Cela peut paraître surprenant de prime abord, mais c'est absolument concret. En fait, n'importe qui peut le faire. Vous pouvez vous-même essayer. Répétez la phrase à voix haute trois fois, aussi doucement ou vigoureusement que vous le voulez[6]. Quand vous réalisez cet essai, que vous le croyiez ou non, vous avez déjà fait un pas significatif sur le chemin de l'illumination.

Qu'est-ce que Nam-myoho-renge-kyo *a à voir là-dedans ?*

La question surgit immédiatement : comment le fait de réciter une phrase que vous comprenez à peine - et encore ! - peut-il avoir un effet, positif ou négatif, sur votre vie ? L'analogie que

6. *Nam-myoho-renge-kyo* se prononce « nam-myo-ho-rèn-gué-kyo ».

les bouddhistes utilisent souvent consiste à comparer *Nam-myoho-renge-kyo* au lait. Un bébé est nourri par le lait maternel et, plus tard, par celui de vache, longtemps avant qu'il puisse comprendre ce que le mot « lait » signifie. Les bienfaits nutritionnels sont intrinsèques au lait. Pour prendre un autre exemple, nous n'avons pas besoin de savoir comment marche une automobile quand on veut la prendre pour aller quelque part. Il est logique de s'initier au fonctionnement d'une voiture, et l'étude est une partie importante d'une pratique bouddhique complète. Mais il est important de prendre conscience que la pratique de ce bouddhisme est efficace, que vous la compreniez ou non, que vous croyiez qu'elle le soit, ou non. En fait, nombre de personnes commencent à réciter *Nam-myoho-renge-kyo* avec l'intention explicite de prouver à leurs amis que cela ne marche pas, et, invariablement, elles sont surprises de découvrir que ça marche. *Nam-myoho-renge-kyo* procure des bienfaits à tout le monde, vieux et jeunes, riches et pauvres, sceptiques et crédules, ignorants et astucieux, africains et asiatiques, de gauche ou de droite.

D'après le bouddhisme de Nichiren, *Nam-myoho-renge-kyo* est la loi de l'univers et, en la récitant, vous révélez la Loi dans votre propre vie, en vous mettant en harmonie - ou en rythme - avec l'univers. Le terme de loi est employé ici dans le sens scientifique, comme la loi de la pesanteur. Puisque la pesanteur est une loi de la vie, elle exerce une influence sur nous, que nous comprenions son fonctionnement ou non. Si vous aviez glissé au bord d'une falaise avant 1666, quand Isaac Newton formula cette loi, vous en auriez quand même subi les conséquences. *Nam-myoho-renge-kyo* est aussi une loi de la vie, a dit Nichiren. En fait, c'est *la* loi de la vie. Comment cela est-il possible ?

Pour commencer à saisir ce point, il pourrait être utile de considérer *Nam-myoho-renge-kyo* à la lumière de la célèbre théorie de la relativité, exprimée par la fameuse équation E = mc2. C'est la pierre angulaire de notre conception du cosmos. Mais est-ce que nous la comprenons vraiment ? Nous savons que E représente l'énergie, et m la masse. La masse est multipliée par le carré de la vitesse de la lumière, c2. Bien que les lecteurs moyens puissent n'avoir qu'une vague idée de ce que ces termes signifient, ils sont parfaitement au courant que les symboles utilisés par Einstein : E, m, c, représentent des concepts de physique et de mathématiques qui, bien qu'ils soient abstraits, se rapportent aux réalités de temps, espace, énergie et matière dans notre monde. La même chose est valable pour chacun des caractères de *Nam-myoho-renge-kyo*.

Même si la signification de E = mc2 nous échappe, tout le monde, ou presque, aujourd'hui, est disposé à admettre la validité de l'équation d'Einstein parce qu'elle a été démontrée d'innombrables fois dans le monde réel. Au début de sa carrière, Einstein fut ridiculisé et rejeté comme un athée cinglé et un « savant bolchevique ». Ce fut seulement en 1919 que sa théorie se révéla correcte, quand, à l'occasion d'une éclipse de Soleil, une expédition britannique sur l'île de Principe, au large de la côte occidentale d'Afrique, réussit à mesurer la déviation des rayons lumineux d'une étoile à proximité du Soleil, constatant sa correspondance avec les principes de la relativité générale.[7] Depuis lors, ses théories ont été vérifiées dans le monde physique - du pouvoir terrifiant de la fission nucléaire jusqu'aux calculs d'astronomie avancée - et elles se sont révélées valables. Fondamentalement, le modèle de l'univers d'Einstein fonctionne bien.

De la même manière, le bouddhisme a une base à la fois théorique et scientifique. Nichiren a révélé la loi de la vie, *Nam-myoho-renge-kyo*, la transmettant à ses disciples et aux générations

---

7. Pour vérifier expérimentalement comment la lumière d'une étoile est déviée aux abords d'une masse, il faut une éclipse totale du Soleil. Grâce à elle, il devient possible d'étudier la position d'une étoile connue située derrière l'astre du jour. La masse solaire devrait infléchir la lumière de l'étoile qui apparaîtra alors décalée par rapport à sa position réelle. En passant au voisinage du Soleil, la lumière de l'étoile est effectivement déviée, mais elle est déviée du double de ce que la simple loi de la pesanteur expliquerait. Près d'un corps massif, l'espace-temps est déformé et les corps se déplacent sur des lignes courbes, par exemple des paraboles ou des ellipses. La présence de masses dans l'univers courbe l'espace (comme une bille dans un tissu élastique crée une dépression qui, à son tour, attire tout nouvel objet). On dit qu'il y a un facteur 2 par rapport à la mécanique newtonienne (pesanteur), parce que la déviation est le double de ce que la seule loi de la pesanteur expliquerait. Telle est l'une des manifestations de la loi de la relativité générale et des équations mathématiques complexes d'Einstein qui permettent de calculer la courbure.

futures avec une instruction implicite : telle est la loi, maintenant allez et vérifiez-la au contact des réalités de la vie et de l'univers. Voyez si elle agit en tout temps, en tout lieu, en toutes circonstances. Tous ceux qui récitent *Nam-myoho-renge-kyo* effectuent donc une expérience, habituellement suivie, pour déterminer le pouvoir et l'efficacité de cette loi dans leurs propres vies.

Mais, pour obtenir un tel résultat, vous devez effectivement pratiquer. Vous pouvez faire des lectures sur le bouddhisme et en parler, mais, en fin de compte, tout cela ne sera que théorie. La différence entre l'étude purement théorique et la pratique bouddhique peut être comparée à celle existant entre le fait de connaître ce qu'est l'exploitation minière et celui de faire fortune. Vous ne pouvez jamais connaître la profondeur de *Nam-myoho-renge-kyo* tant que vous n'en avez pas fait directement l'expérience. Pour utiliser une autre analogie, c'est un peu comme si l'on expliquait ce qu'est la glace à la fraise, à un habitant d'un royaume désertique éloigné, qui n'a jamais goûté ni fraise ni glace. Vous pourriez dire à cette personne que c'est humide et froid, crémeux et doux. Mais, comme nous le savons tous, une définition verbale ne pourra jamais se substituer à l'expérience effective de goûter la glace à la fraise. Dans le bouddhisme, comme dans la vie, rien ne peut remplacer l'expérience directe.

Avec cette mise en garde toujours à l'esprit, tournons-nous maintenant vers une définition de la phrase *Nam-myoho-renge-kyo*. Comme nous l'avons dit, cette « formule » est effectivement fondée sur le titre du Sûtra du Lotus, qui est le couronnement des enseignements de Shakyamuni. Le titre est précédé de *Nam*, d'après le mot sanscrit *namas* (« se consacrer »). Dans le bouddhisme, on donnait une grande importance au titre d'un sûtra. Comme Nichiren l'a écrit : *« Le titre – ou* daimoku – Myôhô Renge Kyô *contient l'intégralité du Sûtra avec ses huit volumes, ses vingt-huit chapitres et ses 69 384 caractères sans omettre un seul caractère. »*[8] Comme les symboles dans la célèbre théorie de la relativité d'Einstein, chacun des caractères de *Nam-myoho-renge-kyo* représente une vérité profonde de la vie.

8. Ce texte est extrait de « La phrase unique et essentielle », lettre de Nichiren à Myoho-Ama, 1278.

Les voici : *Myoho* veut dire « Loi merveilleuse », c'est-à-dire celle qui, quoique véridique, ne peut pas être expliquée. Par exemple, qu'est-ce vraiment que la pesanteur ? Pourquoi certains naissent-ils beaux ? Ou infirmes ? Pourquoi certains meurent-ils jeunes ?

Nichiren a écrit : *« Quel est donc le sens de* Myo *? C'est simplement la nature mystérieuse de notre vie d'instant en instant, que l'esprit ne peut concevoir ni les mots exprimer. Lorsque nous observons notre propre esprit à un moment donné, nous ne percevons ni forme ni couleur qui prouve qu'il existe. Pourtant, nous ne pouvons pas dire qu'il n'existe pas, car de nombreuses pensées ne cessent de se présenter à nous. L'esprit ne peut être considéré ni comme existant ni comme non-existant. La vie est en effet une réalité difficile à saisir, qui transcende à la fois les mots et les concepts d'existence et de non-existence et qui pourtant manifeste les qualités des deux. C'est l'entité mystique de la Voie du Milieu qui est la réalité ultime.* Myo *est le nom donné à la nature mystérieuse de la vie, et* ho, *à ses manifestations. »*[9]

Comme l'explique Nichiren, *myo* signifie littéralement « mystique », ou, au-delà de toute description, l'ultime réalité de la vie, tandis que *ho* désigne « tous les phénomènes ». Les deux mots réunis - *myoho* - indiquent que tous les phénomènes de la vie sont l'expression de la Loi.

Nichiren signale encore trois significations du caractère *myo.*

La première signification est « ouvrir », dans le sens où il permet à une personne de développer son potentiel complet d'être humain. Une autre signification du caractère *myo* est « faire revivre ». Quand son nom est récité, la Loi merveilleuse a le pouvoir de revitaliser notre vie. Le caractère *myo* a une signification supplémentaire : « être doté ». La Loi merveilleuse nous dote de la bonne fortune qui protège notre bonheur.

Dans d'autres écrits encore, Nichiren décrit *myo* comme faisant référence à la mort, et *ho* à la vie. Comment un seul mot - *myoho* - peut-il avoir autant de significations ? Pour une bonne raison : le chinois écrit, la langue des érudits dans le

---

9. Extrait de « Sur l'atteinte de la boddhéité », lettre de Nichiren à Toki Jonin, 1255.

Japon ancien, langue dans laquelle Nichiren a souvent travaillé, est merveilleusement descriptive, chaque caractère individuel évoquant un contexte de significations associées plus larges. On pourrait écrire un livre entier, ou, du moins, un très long chapitre, sur *myoho*.

Vient ensuite le mot *renge*, qui désigne littéralement la « fleur de lotus », d'où le titre du Sûtra. Le lotus a une profonde signification dans les traditions du bouddhisme. Dans la nature, le lotus produit fleurs et fruits en même temps, symbolisant ainsi la simultanéité de la cause et de l'effet.

Nous savons, d'après la méthode scientifique, que tous les phénomènes sont fondés sur la loi de causalité. Toute chose a ses causes et ses effets. Le Bouddha avait compris cela il y a plus de 2 500 ans. Mais, dans le bouddhisme, la cause et l'effet ont une profonde résonance, appliqués à l'existence humaine. Nous créons des causes en pensée, en paroles et en actes. À partir de chaque cause créée, un effet est enregistré simultanément dans les profondeurs de la vie, et tous ces effets se manifestent lorsque nous rencontrons les circonstances environnementales adéquates. La fleur de lotus a aussi une valeur symbolique, en bouddhisme, parce qu'elle fleurit dans des marécages boueux, une métaphore pour décrire l'émergence de notre nature de bouddha à partir des « marécages » des désirs et des problèmes quotidiens. Dans une veine semblable, la société est aussi comparée à un marécage boueux dans lequel nous, en tant que bouddhas, apparaissons. Ainsi, peu importe si nos vies sont difficiles et les conditions dans lesquelles nous vivons, pénibles, puisque la fleur de la boddhéité peut toujours fleurir.

Kyo signifie « sûtra », ou « enseignement ». Mais on peut aussi l'interpréter comme le « son ». Traditionnellement, le Bouddha enseignait par la parole, à une époque où l'écriture était considérée comme sujette à caution et susceptible de falsification et d'interprétation erronée. On dit que *« la voix fait le travail du Bouddha »* et il y a quelque chose d'indéniablement puissant chez une personne qui récite *Nam-myoho-renge-kyo*. Vous pouvez sentir une calme détermination et une forte volonté quand le rythme de la récitation de l'individu fusionne avec le rythme de l'univers.

Dès lors, tous ces caractères unis pour former la phrase *Nam-myoho-renge-kyo* pourraient se traduire de la façon suivante : *« Je me consacre à la Loi merveilleuse de cause et d'effet par le son. »* Mais il est crucial de comprendre que l'on n'a pas besoin (et que ce n'est d'ailleurs pas souhaitable) de traduire la phrase dans notre langue ou de fixer constamment son attention sur sa signification pour tirer profit de sa récitation. Certes, même si, aux premiers stades de la pratique, il peut être difficile de tout comprendre, la chose importante, c'est simplement de pratiquer pour nos propres objectifs avec sincérité, puis, avec un esprit ouvert, de voir ce qui arrive.

La récitation est assez différente des concepts traditionnels occidentaux de prière. Au lieu d'implorer une force extérieure pour obtenir des solutions, les bouddhistes mobilisent leurs propres ressources intérieures pour affronter les problèmes. On peut comparer la récitation au fait d'amorcer une pompe pour faire jaillir la nature de bouddha des profondeurs de notre vie.

Quand on récite, on formule un vœu, ou une résolution. Au lieu de *« je voudrais que telle ou telle chose arrive »*, ou bien *« Seigneur, donne-moi la force de faire que telle et telle chose arrive »*, la prière bouddhique ressemble plutôt à : *« Je ferai en sorte que telle et telle chose arrivent »*, ou *« Je formule le vœu de faire les changements suivants dans ma vie afin que telle et telle chose arrive. »*

Changer votre karma

La plupart d'entre nous reconnaissons la validité du principe de cause et d'effet comme une règle générale de la nature et comme la base de la méthode scientifique moderne. Nous acceptons volontiers l'idée selon laquelle toutes les causes ont des effets, et tout ce qui arrive dans la vie peut remonter à une série de causes, conduisant elles-mêmes à une série d'effets qui leur sont reliés. Vous appuyez légèrement sur un interrupteur, la lumière s'allume. Il pleut, il y a des fuites dans le toit. Nous avons ainsi tendance à considérer les causes et les effets divers en termes linéaires, comme une chaîne sans fin de causes et d'effets. Mais, selon le bouddhisme, la réalité de cause et d'effet est beaucoup plus subtile et complexe.

Le bouddhisme enseigne que cause et effet sont, en essence, simultanés. Au moment où une cause est créée, un effet est enregistré, comme une graine qui est plantée dans les profondeurs de la vie. Bien que l'effet soit planté au même instant où la cause est créée, il se peut qu'il n'apparaisse pas tout de suite. L'effet ne se manifeste que lorsque les circonstances extérieures adéquates surgissent. Admettons qu'un gland tombe sur le sol et prenne racine dans la terre. Cela peut prendre des décennies avant qu'un puissant chêne manifeste le plein effet de cette cause. Ainsi, tandis que l'effet peut être simultané, dans le sens où la cause à l'origine du chêne est arrivée, cet effet ne se manifestera que des années plus tard. Même si l'effet final du chêne était latent dans le gland, il a fallu des années de pluie et de soleil pour obtenir les conditions adéquates permettant à l'arbre de pousser. Ou, pour prendre un exemple négatif, supposons que quelqu'un consomme des aliments riches en cholestérol pendant une certaine période. Il se peut qu'il faille attendre plusieurs années pour que les effets nuisibles du cholestérol - artériosclérose et maladie de cœur - n'apparaissent. Les êtres humains créent des myriades de causes chaque jour en pensées, paroles et actes, et, pour chaque cause, nous recevons un effet. Mais l'effet peut ne pas se manifester avant longtemps.

Le bouddhisme, en outre, subdivise le concept de cause et d'effet en causes internes, causes externes, effets latents, et effets manifestes. Comme Daisaku Ikeda l'a exposé : « *Chaque activité de la vie survient comme le résultat d'un stimulus externe. En même temps, la véritable cause est la cause inhérente qui se trouve à l'intérieur de l'être humain. Pour donner un exemple très simple, si quelqu'un vous a donné un coup et que vous lui rendiez le coup, le premier coup est le stimulus conduisant au second, mais ce n'est pas la cause ultime. Vous pouvez soutenir que vous avez frappé cette personne parce qu'elle vous a frappé, mais, en fait, vous l'avez frappée parce que vous êtes ce que vous êtes. La véritable cause était en vous, prête à être activée par la cause externe.* »

En développant cet exemple, il est possible qu'au début de votre vie vous ayez appris à vous en mettre en colère et à vous tenir sur la défensive. Cela vous servait de réponses protectrices face au comportement des autres. Vous aviez peut-être un frère, ou une sœur, qui vous tyrannisait, et vous avez appris très tôt que le seul moyen d'obtenir ce que vous vouliez était de vous défendre physiquement, de « vous dresser par vous-même ». C'est cette attitude intérieure de votre part, cette prédisposition à rendre les coups, qui vous pousse à frapper quand quelqu'un vous frappe - et non le simple fait d'être frappé. On pourrait dire que riposter dans une telle situation, c'était votre karma.

Le concept de *karma* - un mot sanscrit qui voulait dire, à l'origine, « action » - a été fondamental dans la philosophie indienne depuis l'époque des Upanishads,[10] trois cents ans avant l'éveil de Shakyamuni. Il y a trois types d'actions karmiques : les pensées, les paroles et les actes. Ensemble, ces trois types d'actions, ou de causes, accomplies et accumulées durant toute votre vie, forment votre karma. En d'autres termes, votre karma est le résultat net de chacune des causes que vous avez toujours créées dans votre vie (ainsi que dans les vies passées, mais nous en dirons davantage plus loin). Le karma peut être divisé, globalement, entre un bon et un mauvais karma, exactement comme les causes peuvent être caractérisées comme des bonnes et des mauvaises causes. Ces catégories s'appliquent aux trois formes d'action karmique : pensée, parole et acte. Par exemple, le bon karma peut naître de gestes de compassion et de tolérance aussi bien que des états de pensée correspondants. Le mauvais karma peut résulter d'attitudes négatives comme l'avidité ou la colère, et des diverses actions concrètes qui découlent de ces états mentaux.

Notre karma est comme un solde bancaire d'effets latents, dont nous ferons l'expérience quand nos vies rencontreront les conditions environnementales adéquates. Les bonnes causes produisent des effets agréables et bienfaisants ; les mauvaises causes produisent de la souffrance. Nos actions passées exercent une influence sur notre existence présente, tandis que nos actions présentes déterminent le futur.

---

10. Les Upanishads sont des textes sanscrits qui commentent les Veda (quatre livres « révélés » par les divinités, réputés contenir toute la sagesse divine). Les 108 Upanishads exposent les enseignements mystiques des sages hindous (Rishis), tels qu'ils les ont reçus lors de leurs méditations. Le corpus central date des premiers siècles avant notre ère.

Le principe du karma, selon Nichiren, est tout à fait précis. Il n'y a pas moyen d'échapper à nos actions passées. La loi de cause et d'effet imprègne nos vies à travers toutes nos existences passées, présentes et futures. Rien n'est oublié, effacé ou perdu. C'est une erreur de penser que nous pouvons laisser tous nos problèmes derrière nous et simplement partir, disons, pour Hawaï ou quelque autre paradis tropical et vivre une vie insouciante. Nous transportons notre karma avec nous, comme une valise, partout où nous allons. Tout dans notre existence est éternellement gravé aux niveaux les plus profonds de notre vie. N'avons-nous alors d'autre choix que de nous résigner et accepter passivement les effets de n'importe quel karma, forgé dans le passé ?

Non. En bouddhisme, nous créons le karma à travers nos propres actions et nous avons ainsi le pouvoir de changer. Telle est la promesse offerte par la pratique du bouddhisme. Tandis que, en théorie, tout ce que nous avons à faire dans la vie est de créer les meilleures causes possibles, dans la plupart des cas, nous n'avons que peu de contrôle sur les causes que nous plantons. Nous avons tendance à être prisonniers de la chaîne ininterrompue de cause et d'effet qu'est notre karma, pour le meilleur ou le pire, et nous agissons en conséquence. Mais quand nous récitons *Nam-myoho-renge-kyo*, nous commençons à éclairer les aspects négatifs de notre karma - nous voyons notre propre faiblesse d'une façon éclatante - et nous pouvons alors prendre des mesures pour nous transformer nous-même, ainsi que notre destinée. Nichiren utilisait la métaphore d'un miroir pour suggérer ce processus d'auto-perception. Il y a plus de sept cents ans, il écrivait : « *Dans l'illusion, on est appelé un être ordinaire, mais, dans l'illumination, on est appelé un bouddha. C'est comparable à un miroir terni qui brillera comme un joyau une fois poli. Un esprit pour l'instant assombri par les illusions de l'obscurité inhérente à la vie est comme un miroir terni, mais, une fois poli, il deviendra immanquablement un miroir limpide, réfléchissant la nature essentielle des phénomènes et le véritable aspect de la réalité. Faites surgir une foi profonde, et polissez sans relâche votre miroir jour et nuit. Comment faire pour le polir ? Seulement en récitant* Nam-myoho-renge-kyo. »[11]

---

11. Extrait de « Sur l'atteinte de la boddhéité en cette vie », Nichiren, 1255.

Dans les termes de la loi de causalité, Nichiren disait que réciter *Nam-myoho-renge-kyo* était la meilleure cause qu'une personne pouvait créer. Cela ne veut pas dire qu'une personne confrontée à un sérieux problème devrait nécessairement rester chez elle et réciter toute la journée. C'est là une attitude de fuite devant la réalité. On devrait plutôt réciter d'abord pour faire apparaître la sagesse nécessaire afin d'affronter le problème en face, puis sortir et agir de façon déterminée. À la claire lumière de l'illumination, non seulement nous arrivons à nous comprendre nous-mêmes, mais nous pouvons aussi nous changer nous-mêmes et atteindre le niveau d'existence le plus élevé que nous puissions imaginer.

En définitive, nous récitons *Nam-myoho-renge-kyo* pour révéler notre boddhéité, laquelle nous permet de percevoir et de comprendre la loi de l'univers, tout en exerçant, dans le même temps, la sagesse pour utiliser cette loi. Gardez à l'esprit que, de même que le gland contient la semence d'un chêne puissant, la semence de l'illumination est déjà en vous. Comme Daisaku Ikeda l'a écrit : « *Quand vous invoquez* Nam-myoho-renge-kyo *pour révéler votre boddhéité, vous faites appel à votre nature de bouddha, ou* Nam-myoho-renge-kyo, *qui est en vous. Alors, vous-même, vous êtes un bouddha.* »

« *Tester* » *votre illumination*

De façon caractéristique, le commun des mortels, embourbé dans les exigences de la vie quotidienne, n'aspire pas à l'état noble et heureux de la boddhéité, du moins pas de manière régulière. Si vous avez des difficultés à payer le loyer et à nourrir votre famille, il est plutôt difficile, pour vous, de flâner en pensant à la manière d'atteindre l'illumination. C'est pourquoi il n'est pas absurde de pratiquer pour vos besoins fondamentaux matériels et émotionnels, afin d'installer une fondation ferme et, de là, aspirer à des choses plus élevées, y compris la boddhéité. Au commencement, la pratique du bouddhisme de Nichiren procure des bienfaits clairs et pratiques, au premier plan desquels un esprit plus positif – de défi plein d'espoir plutôt que de résignation à la défaite - qui naît des profondeurs de soi. Cela, à son tour, conduit à la sagesse et à l'action constructive, afin de transformer toutes les situations négatives auxquelles vous pouvez être confrontés.

Pour commencer votre pratique, essayez de réciter *Nam-myoho-renge-kyo* pendant, disons, cinq minutes, matin et soir, chaque jour. Réservez le temps nécessaire et trouvez un endroit calme où vous ne dérangerez pas les autres. Une chambre à coucher ou une pièce à l'écart conviennent. On peut même le faire en voiture - mais, de préférence, pas dans des encombrements stressants aux heures de pointe ! Asseyez-vous le dos droit et respirez tranquillement. Ne soyez pas déçu si vous vous ennuyez un peu. Il n'est pas nécessaire de penser à quelque chose de particulier, et vous n'avez pas besoin de réfléchir au sens de la phrase. Essayez de réciter en cadence.

Vous pouvez pratiquer beaucoup plus longtemps que cinq minutes si vous le souhaitez. Dans les moments de crise personnelle, quand un parent ou une personne aimée est gravement malade, les bouddhistes pratiquent en général beaucoup. Vous pouvez pratiquer autant que vous le voulez. Mais il est important d'être régulier. La discipline de la pratique du matin et du soir apporte un nouveau rythme à l'existence, qui, en lui-même et par lui-même, a un effet salutaire.

Un sentiment accru d'espoir, l'amélioration des relations, le fait de devenir plus motivés - tels sont certains des nombreux bienfaits spirituels et émotionnels constatés quand les personnes commencent leur pratique bouddhique. En plus, on encourage souvent les débutants à pratiquer pour des buts spécifiques et à se concentrer sur la réalisation d'un objectif clair et concret. Par exemple, si vous êtes un commercial, vous pourriez peut-être pratiquer pour réaliser votre quota - ou pour le dépasser. Si vous êtes un musicien, vous pouvez souhaiter pratiquer afin de maîtriser un morceau particulièrement difficile. Voilà des objectifs très spécifiques. Sur un plan plus général, peut-être voulez-vous écrire des poèmes ou des pièces de théâtre, mais vous avez été obligé de gagner votre vie vous-même en faisant un travail qui n'a absolument aucun rapport avec votre rêve. Dans ce cas, votre but peut être de faire des petits pas progressifs, en travaillant, durant votre temps libre, pour réaliser vos objectifs artistiques. Par l'acquisition de bienfaits tangibles, à travers la pratique, les bouddhistes débutants vont trouver que leur système de référence change. Ces rêves impossibles deviennent des objectifs très réels.

En accumulant de l'expérience, les bouddhistes qui débutent résolvent non seulement leurs problèmes fondamentaux, mais connaissent également de profonds changements. Parmi les multiples résultats que vous pouvez attendre, quand vous continuez votre pratique bouddhique :

• *La sagesse* – la capacité à tirer le plus de valeur de nos connaissances.

• *Une compréhension de l'éternité de la vie* – quand nous pratiquons et que nous observons les effets de la loi de cause et d'effet, nous commençons à voir la vie comme une série de causes et d'effets qui s'étendent du passé jusqu'au futur, plutôt que comme une existence au jour le jour.

• *La persévérance et la tolérance* – la capacité à défier les circonstances et à cultiver la patience et l'endurance nécessaires pour travailler de façon positive sur les obstacles que nous rencontrons.

• *La sérénité* – le calme face à l'agitation dynamique de la vie.

• *Les sentiments de compassion* – des sentiments accrus d'indulgence et la capacité de manifester de l'empathie pour les gens.

• *L'illumination* – un état imprégné de sagesse, dans lequel toutes les actions reflètent notre nature sous-jacente de bouddha, un état de liberté totale, purifié des illusions et débordant de compassion.

Rome ne fut pas bâtie en un jour. Et il n'est tout simplement pas possible de résoudre tous vos problèmes la première fois que vous pratiquez. Toute une vie (au moins) de karma accumulé doit, comme la rouille, être nettoyée avec soin, jour après jour. Mais il est bien rare que ceux qui pratiquent, avec sincérité et régularité, ne fassent pas l'expérience d'un signe tangible ou d'un bienfait - une percée au travail, l'appel téléphonique d'un ami perdu de vue depuis longtemps, et qui tombe au moment opportun, une rentrée d'argent innatendue, ou simplement la conscience qu'ils ont d'être plus souriants et que les autres leur répondent différemment. Toutes les fois que nous recevons un bienfait de la récitation, nous sommes encouragés à continuer. Et comme nous commençons à voir la preuve concrète du pouvoir de notre pratique bouddhique, nous en venons naturellement à partager nos expériences avec les autres. Ce partage avec d'autres personnes est une autre clé du développement de notre potentiel intérieur d'illumination, ou boddhéité. Finalement, nous allons nous retrouver en train de réciter de façon enthousiaste pour le bonheur des amis, de la famille et des camarades de travail. En effet, comprendre que le moi individuel est connecté à tous les autres êtres, et que notre bonheur est lié au bonheur de la société dans laquelle nous vivons, fait partie intégrante du processus vers l'illumination.

Comme l'a écrit le poète John Donne, *« Aucun homme n'est une île »*.[12] Dans les profondeurs de la vie, nous sommes tous une partie de la même force de vie cosmique. Par conséquent, il est essentiel que nous pratiquions pour notre bonheur comme pour celui des autres. Comme nous le verrons dans le chapitre suivant, le bouddhisme enseigne que nos propres vies sont reliées de façon complexe à celles de nos amis, à notre environnement physique, à notre planète - et même à l'univers lui-même.

12. John Donne (1572-1631) fut l'un des prêcheurs anglicans les plus célèbres de son temps, en Angleterre, mais il est aussi connu comme l'un des plus grands poètes de la littérature britannique. Il a rédigé surtout des poèmes d'amour et des sonnets religieux. Cette phrase est extraite de la Méditation XVII, restée célèbre. Il y défendait l'idée que toute l'humanité est interconnectée.

CHAPITRE III

Le moi et l'environnement

Si vous souhaitez changer la société,
changez-vous d'abord vous-même
Thomas Carlyle[1]

La révolution humaine
d'une seule personne peut changer
la destinée de toute l'humanité
Daisaku Ikeda

Dans une séquence classique du film *Singin' in the Rain*[2], Gene Kelly, joyeux malgré le temps pluvieux, descend la rue dans une ville de studio de cinéma en dansant sous une pluie torrentielle, lançant ses genoux en avant et tournoyant de façon athlétique autour des réverbères. Cela fait maintenant des décennies que ce film est apprécié par des générations de spectateurs, et pas seulement parce qu'il nous communique de la joie. Il attire aussi notre attention sur une vérité sous-jacente souvent ignorée dans la réalité de la vie quotidienne : le monde extérieur a beau

1. Thomas Carlyle (1795-1881), écrivain, historien et satiriste écossais. Figure romantique connue pour ses critiques traditionalistes du capitalisme et de la démocratie à l'époque victorienne.
2. Célèbre film musical de Stanley Donen et Gene Kelly (1952). En français, *Chantons sous la pluie.*

être ensoleillé ou pluvieux, ce qui compte vraiment, c'est ce que nous ressentons à l'intérieur de nous-même.

Une personne illuminée est celle qui peut faire face à une tempête d'obstacles avec sagesse et calme. Cette image de satisfaction intérieure, au milieu du tumulte extérieur, est parfaite pour introduire le concept bouddhique de l'unité de la personne et de l'environnement.

Concrètement, nous avons tendance à considérer notre peau comme la limite entre notre corps et le monde extérieur. Nous percevons l'interaction entre ces deux domaines séparés comme limitée à la consommation d'aliments, à la respiration et aux piqûres d'épingles occasionnelles de la réalité. Mais la philosophie bouddhique voit notre vie comme une part inséparable de notre environnement physique, reliée dans sa profondeur même à celle des autres et à la grande force de vie cosmique de l'univers.

Utilisons un exemple très simple pour montrer la validité de cette magnifique idée. Tout le monde sait que la force de gravitation de la Terre agit sur toutes les choses vivantes. Supposez maintenant que vous fassiez rebondir une balle haut dans l'air. La trajectoire de la balle est influencée par divers mécanismes qui agissent à l'intérieur de la balle elle-même (la densité du caoutchouc, etc.), par la force de votre bras et par la résistance gravitationnelle de la Terre. Mais ce qui est probablement moins évident, c'est que le vol de la balle est aussi influencé subtilement par d'autres objets cosmiques dans l'univers. Ce n'est pas seulement la Terre, mais aussi la Lune, le Soleil et les étoiles qui agissent sur la balle. L'influence à distance de ces corps célestes est comme un message venu des lointaines frontières du cosmos. Qu'un corps céleste, à des années lumière de la Terre, influence la vie sur notre planète est stupéfiant, mais c'est pourtant vrai. Pour prendre un exemple plus proche de nous (qui n'est qu'à 150 millions de kilomètres de distance !) : si la température en surface de notre propre étoile, le Soleil, devait augmenter ne serait-ce que de quelques degrés, les effets sur la Terre seraient catastrophiques, depuis la glace polaire qui, en fondant, modifierait notre climat, jusqu'aux rayons ultra-violets mortels qui forceraient tout le monde à vivre cloîtré.

Dans tout ce qu'il est convenu d'appeler le monde extérieur, il y a d'innombrables fils invisibles qui relient l'individu au macrocosme. Le pourcentage d'ions dans l'air, même la couleur d'une pièce, peuvent affecter de façon subtile nos émotions. Notre propre comportement exerce un impact indéniable sur les gens autour de nous. Et la société humaine a un incontestable impact sur l'environnement naturel. Nous ne sommes pas séparés du monde dans lequel nous vivons, mais nous sommes impliqués dans une interaction dynamique avec lui. Le bouddhisme va même plus loin. Selon la philosophie de la vie exposée par Shakyamuni, éclairée par Tiantai, et parachevée par Nichiren dans le Japon du XIIIe siècle, notre environnement et la situation dans laquelle nous sommes reflètent en fait notre vie intérieure. Tous ces penseurs ont compris que le monde ne peut pas être séparé de la perception que nous en avons. En cela, ils ont anticipé les travaux des physiciens du XXe siècle, comme Albert Einstein, Niels Bohr et Werner Heisenberg. Ce que vous êtes détermine en grande partie la qualité de ce qui vous entoure. Ce n'est pas un concept très facile à accepter, parce qu'il va à l'encontre de notre préjugé bien enraciné au nom duquel on rejette sur les circonstances la responsabilité de nos problèmes. Il est particulièrement difficile à appliquer car, en Occident, nous avons largement réussi à soumettre notre environnement et à atteindre un haut niveau de bien-être matériel en considérant le moi et la nature comme fondamentalement séparés.

Dans le bouddhisme, cependant, cette inséparabilité entre la personne et ce qui l'entoure est une vision englobante de la réalité. Comme Nichiren l'a écrit dans une lettre à un disciple : *« L'essence des sûtras prêchés avant le Sûtra du Lotus est que tous les phénomènes proviennent de l'esprit. Pour illustrer cela, ils disent que l'esprit est comme la Terre, tandis que les herbes et les arbres sont comme tous les phénomènes. Mais il n'en est pas ainsi pour le Sûtra du Lotus. Celui-ci enseigne que l'esprit lui-même est la Terre, et que la Terre elle-même est les herbes et les arbres. »*[3]

Cela ne signifie pas que la vie soit un rêve. Le sûtra suggère plutôt qu'il n'y a pas de différence fondamentale entre l'esprit et la matière.

---

3. « Le don de riz », lettre de Nichiren (date et destinataire inconnus).

Si nous devions appliquer ces notions au domaine des relations humaines, nous verrions surgir de nouvelles prises de conscience. Nous commencerions à nous rendre compte que les vies de ceux qui sont dans notre environnement immédiat tendent à refléter notre propre vie intérieure. En général, si quelqu'un trouve les autres gens inamicaux, c'est souvent parce que, d'une façon ou d'une autre, il provoque cette réaction. De même, si cette personne devient plus amicale, les gens autour d'elle vont réagir différemment. Une personne exceptionnellement gentille et bienveillante aura tendance à penser que les autres sont comme elle. Aux yeux d'une personne possédée par l'appétit de pouvoir, même les actions les plus désintéressées et bienveillantes des autres apparaîtront comme des manœuvres rusées pour s'emparer du pouvoir. Quand nous aimons les autres avec le même profond respect que celui que nous témoignerions au Bouddha, la nature de bouddha de ces autres personnes agit pour nous protéger. Au contraire, si nous rabaissons les autres ou si nous les considérons avec mépris, nous serons méprisés en retour, comme si nous regardions notre propre image reflétée dans un miroir. Aussi fort que nous résistions parfois à cette idée, un sourire et quelques mots gentils peuvent produire de quasi-miracles, en réduisant l'hostilité dans bien des situations. Il y a des personnes qui, à peine entrées dans une pièce, rendent immédiatement l'atmosphère plus légère et remontent le moral de chacun. Ce sont là des illustrations de ce que le bouddhisme appelle le principe de l'unité de la vie et de son environnement.

L'unité de la vie et de son environnement

Le principe de l'unité de la vie (ou de la personne) et de son environnement vaut la peine d'être examiné en détail. Le terme japonais pour ce principe est *esho funi*. Le premier mot est une contraction de *eho* (« environnement ») et de *shoho* (« la personne », ou « le moi »). Le second mot, *funi*, veut dire « deux, mais pas deux ». La vie et son environnement, ou, en d'autres mots, les êtres sensitifs et les choses non sensitives, sont fréquemment considérés comme des entités séparées (« deux »). C'est ainsi qu'ils nous apparaissent et c'est ainsi que nous les regardons. Mais, à un autre niveau ils ne sont « pas deux ». La recherche dans les sciences de la nature a révélé l'interaction complexe entre des organismes vivants et leur milieu environnant.

La chaîne de cause et d'effet entourant même de simples phénomènes - une goutte de pluie tombant sur notre joue - peut être étonnamment compliquée. L'univers abonde en systèmes complexes - le fonctionnement du cerveau et les complexités des modèles météorologiques, pour ne citer que les plus frappants - qui résistent à une compréhension complète, même quand on les soumet à une analyse rigoureuse. Ce qu'on appelle l'« effet papillon » est susceptible de nous ouvrir des pistes. Il fournit un modèle scientifique pour expliquer la manière dont l'action la plus infime peut être la source de changements de grande ampleur. Le battement des ailes d'un papillon peut ainsi déplacer une simple feuille dans la plus profonde forêt humide de l'Amérique du Sud. La feuille fait onduler d'une façon imperceptible la surface d'une petite mare tranquille, déclenchant toute une série de conséquences en chaîne qui s'accumulent jusqu'au point où un changement atmosphérique majeur peut se produire et affecter un continent éloigné. On pense au phénomène climatique El Niño qui révèle des enchaînements analogues à distance. Quant à notre papillon, il peut, s'il bat des ailes à un moment différent, produire une séquence différente, et pourtant également complexe, ou avoir finalement peu d'effet.

Aujourd'hui, ce genre d'incertitude est le sujet d'une piste de recherche de plus en plus populaire : la « science de la complexité », qui examine une grande série de questions, depuis les fluctuations sauvages des marchés boursiers, jusqu'à la manière dont la sélection naturelle agit dans le développement de l'œil humain.

L'effet papillon peut aussi être étendu, avec un peu d'imagination, à la sphère interpersonnelle. Un sourcil levé ou un bref roulement des yeux dans une réunion d'affaires peut avoir, s'ils sont observés par la personne qu'il ne fallait pas, des conséquences de grande envergure dans une carrière. Le plus subtil des gestes fait en présence d'une personne aimée - peut-être un simple soupir ou un haussement d'épaules d'impatience, à peine perceptible - peut changer le cours d'une relation.

Comme les techniques de mesure et les méthodes de plus en plus sophistiquées de la science moderne nous révèlent les liens subtils entre des événements de natures apparemment disparates, et ainsi l'interconnexion de toutes choses, notre vision du monde change. En fait, le monde occidental est progressivement en train d'accepter le vieux concept bouddhique du moi et de l'environnement comme « deux, mais pas deux ». Comme le défunt historien anglais Arnold Toynbee le disait dans un dialogue avec Daisaku Ikeda : *« On devrait, je pense, se rendre compte que la distinction mentale entre un être vivant et son environnement n'a aucune contrepartie dans la réalité...* Esho funi *semble être une explication concise de ce que je suppose être la véritable situation. La tentative égoïste d'un être vivant d'organiser l'univers autour de lui-même est la condition pour, et l'expression de, sa vitalité. L'altruisme, autrement dit l'amour, est une tentative d'inverser l'effort naturel d'un être humain pour organiser l'univers autour de lui. L'amour est une contre-tentative, de la part de l'être vivant, de se dévouer à l'univers au lieu de l'exploiter. »*

Personne n'existe de façon isolée. Nous sommes reliés aux parents qui nous ont conçus et élevés, aux enseignants qui nous ont éduqués, et aux amis qui nous ont encouragés. Nous sommes aussi reliés à des gens que nous n'avons jamais rencontrés, qui récoltent et acheminent notre nourriture, confectionnent nos vêtements, écrivent les livres qui façonnent notre pensée. En fait, nous sommes connectés à tous ceux dont les efforts aident à maintenir le tissu social. Il n'y a personne dans le monde qui ne soit pas relié à nous. Le dramaturge John Guare a mis en scène cette notion dans *Six Degrees of Separation* (« Six degrés de séparation »)[4], une pièce dans laquelle un personnage théorise le fait que chacun, sur le globe, peut être relié à n'importe quelle personne au travers d'une chaîne de relations ne comprenant pas plus de six personnes au total. Notre « moi » inclut tous les autres. Dans une perspective plus profonde, chacun d'entre nous est relié à tous

4. John Guare (né en 1938) a créé *Six Degrees of Separation*, aux États-Unis, en 1990. Un film portant le même titre a été tiré de la pièce en 1994.

les autres, en vertu du fait que tous participent à la même ultime réalité de la vie, la nature de bouddha.

Bien que le monde intérieur du moi et le monde extérieur de la réalité apparaissent distincts, en définitive ils ne sont pas deux, mais un - non seulement étroitement interconnectés ou mutuellement dépendants, mais inséparables l'un de l'autre. Dans le bouddhisme, nous appelons cette unité « le véritable aspect de tous les phénomènes », la vérité ultime, ou la nature de bouddha. Nichiren l'a aussi appelée la Loi merveilleuse, qu'il a énoncée comme étant *Nam-myoho-renge-kyo*. La relation entre le moi et la vérité ultime est appelée « merveilleuse » ou « mystique » parce qu'elle se situe au-delà de notre compréhension intellectuelle. Mais cela ne signifie pas que nous ne pouvons pas y réfléchir, en discuter, et en vérifier la valeur dans nos vies. En outre, même si elle est merveilleuse, ne perdons pas de vue le fait qu'elle structure une vision de l'humanité et de l'univers qui est de plus en plus confirmée par la science.

La libération des souffrances de la naissance et de la mort

Lisez l'extrait suivant tiré de l'une des plus fameuses lettres de Nichiren, intitulée « Sur l'atteinte de la boddhéité en cette vie », écrite pendant la période correspondant au Moyen Âge en Occident (1255), et voyez si vous n'êtes pas frappé, d'une manière ou d'une autre, par sa modernité : *« Si vous souhaitez vous libérer des souffrances de la naissance et de la mort endurées depuis le temps sans commencement et parvenir immanquablement à l'illumination insurpassable en cette vie, vous devez percevoir la vérité mystique originellement inhérente à tous les êtres vivants. Cette vérité est* Myôhô Renge Kyô. *Réciter* Myôhô Renge Kyô[5] *vous permettra donc de saisir la vérité mystique inhérente à tous les êtres vivants.*

5. Note des auteurs de l'ouvrage : ici, Nichiren a choisi d'omettre le mot *Nam*, qui signifie : « dévotion à », au profit du titre littéral du Sûtra du Lotus, *Myôhô Renge Kyô*. Cependant, la lettre se termine par la phrase *Nam-myoho-renge-kyo*, écrite deux fois, pour indiquer que c'est là l'invocation correcte.

Le Sûtra du Lotus est le roi des sûtras, véridique et correct dans les mots comme dans les principes. Ses mots sont la réalité ultime, et cette réalité est la Loi merveilleuse Myoho. *On l'appelle Loi merveilleuse parce qu'elle révèle le principe d'inclusion mutuelle entre un seul instant de vie et tous les phénomènes. C'est pourquoi ce sûtra est la sagesse de tous les bouddhas...*

La vie à chaque instant imprègne tout le domaine des phénomènes et se manifeste dans tous les phénomènes. S'éveiller à ce principe est en soi la relation d'inclusion mutuelle entre une vie à chaque instant et tous les phénomènes. Toutefois, même si vous pratiquez et croyez en Myôhô Renge Kyô, *si vous considérez cette Loi comme extérieure à vous, ce n'est pas en la Loi merveilleuse que vous croyez, mais en un enseignement inférieur* [...] *Par conséquent, quand vous récitez* [...], *vous devez faire surgir la conviction profonde que* Myoho Renge Kyo *est votre vie elle-même.* »[6]

Pour Nichiren, la « *libération des souffrances de la naissance et de la mort* » signifiait transcender les lois de la décrépitude et du déclin, qui ont été définies auparavant comme la théorie de non-substantialité des phénomènes. Rien ne dure éternellement. La solidité, la substance de la vie, est une illusion. La physique des particules nous apprend que, au niveau sub-atomique, nous ne pouvons pas parler de matière fixe ou solide, mais seulement de modèles ou d'ondes d'énergie en mouvement continuel. Comme nous le disent les physiciens, la matière n'est pas seulement composée d'atomes, avec leurs électrons, leurs protons et leurs neutrons apparemment discrets, mais ils sont aussi composés d'unités mystérieuses, encore plus nombreuses et plus petites, de matière et d'énergie en mouvement appelées eptons, quarks, bosons, forces faibles et forces fortes. Le monde de la mécanique des quanta est si instable et insaisissable que, quel que soit le mal qu'ils se donnent, les physiciens trouvent difficile de définir avec précision les premières briques de construction de la matière. Cela exigerait un point de référence fixe, et c'est exactement ce que la réalité, au niveau sub-atomique, refuse de fournir. Le philosophe des sciences Jacob

---

6. « Sur l'atteinte de la boddhéité en cette vie », lettre de Nichiren à Toki Jonin, 1255.

Bronowski[7] a écrit dans *The Ascent of Man*[8] : *« La plaisanterie entre les professeurs était... la suivante : les lundis, mercredis et vendredis, l'électron se comportait comme une particule ; les mardis, jeudis et samedis, il se comportait comme une onde. Comment faire correspondre ces deux aspects rapportés du monde à grande échelle et fourrés dans une seule entité, à l'intérieur de ce Lilliput, ce monde des Voyages de Gulliver qui est celui de l'intérieur de l'atome ? »*

Retournons maintenant aux mots de Nichiren : *« vous devez faire surgir la conviction profonde que* Myôhô Renge Kyô *est votre vie elle-même. »* On pourrait interpréter « votre vie elle-même » comme la substance même dont nous sommes faits : les ondes entre les particules, la vibration qui caractérise les particules, l'énergie dans les interstices qui les séparent, les particules elles-mêmes telles qu'elles sont. Ainsi, Nichiren, en plus de nous donner un merveilleux aperçu sur ce que l'on doit penser quand on pratique, nous montre que ce son que nous émettons lorsque nous récitons *Nam-myoho-renge-kyo* est, véritablement, le rythme de l'univers. Quand nous récitons, nous vibrons à cette tonalité universelle, cette harmonie sous-jacente qui participe à toutes choses.

Ainsi que nous l'avons vu, le bouddhisme, comme la physique, enseigne que tout est en flux constant. Mais il poursuit en cela un objectif très différent. Plutôt que de se consacrer à clarifier la nature du monde physique (ce qu'il fait incidemment), le bouddhisme cherche à illuminer la condition humaine. Pour Nichiren, « libération » signifiait, non pas une fuite hors du domaine des phénomènes changeants, mais la découverte, à l'intérieur de nous-même, d'un point de repère parfait. Cela nous libère des chaînes du karma. En conséquence, nous pouvons manifester la sagesse du bouddha qui nous permet de percevoir la vraie nature de tous les phénomènes, y compris

---

7. Jacob Bronowski (1908-1974), biologiste et mathématicien britannique, d'origine juive polonaise.

8. Littéralement, « La Montée de l'Homme ». Il s'agit d'une série documentaire télévisée remarquée, produite par la BBC en 1973. Un livre en a été tiré qui est une transcription fidèle du texte de la série. Le film et le livre représentent la synthèse des travaux de Bronowski. En version française : « L'Évolution de l'Homme ».

notre relation avec eux, nous libérant ainsi des chaînes de notre karma.

Parce que l'individu et ce qui l'entoure sont fondamentalement un, tout état de vie que nous manifestons se manifestera simultanément dans notre environnement. C'est ce que Nichiren voulait dire lorsqu'il écrivait : *« L'environnement est comparable à l'ombre et le vivant est comparable au corps. »*[9] Si le corps vacille, l'environnement aussi. Si le corps montre du respect, l'environnement respecte en retour. Une personne dont la tendance de vie fondamentale est la haine et l'hostilité suscitera angoisse et malheur dans son environnement, tandis que celui qui a pour état de vie de base l'état de bouddha bénéficiera de la protection et du soutien du monde extérieur. Quand Nichiren déclarait que nous ne devrions pas « considérer cette loi comme extérieure à nous », il voulait dire qu'il ne fallait pas chercher la source et les solutions de nos souffrances dans l'environnement. Nous comparer continuellement aux autres, que ce soit en négatif ou en positif, ou penser que les autres devraient être responsables de notre bonheur, ou que nous ne pouvons être heureux que si telle autre personne change, ou que le sentiment de notre propre valeur dépend de notre solde bancaire, ce sont tous des exemples de ce qu'on appelle chercher la Loi en dehors de soi. Ainsi, comme la philosophie transcendantale d'Emerson et de Thoreau,[10] la pensée bouddhique est fortement centrée sur la « capacité à compter sur soi ».

---

9. « Sur les présages », lettre de Nichiren envoyée probablement à Shijo Kingo, 1275.

10. Ralph Waldo Emerson (1803-1882) et Henry David Thoreau (1817-1862) sont des figures intellectuelles fondatrices, dans les États-Unis du milieu du XIXe siècle, pères du mouvement philosophique dit « transcendantal ». « Poète de la démocratie », chantre de l'individualisme, Emerson est considéré comme le premier philosophe américain, prônant le rejet des traditions, autorités et coutumes, et la réalisation de l'indépendance intellectuelle par rapport à l'Europe pour parachever l'indépendance politique. Emerson et Thoreau ont eu, en même temps, une position non conformiste et critique par rapport à leur société, qui fait d'eux des figures très modernes.
Emerson a publié, en 1841, un ouvrage intitulé *Self Reliance*, qu'on peut traduire par « la capacité de compter sur soi », et qui sert ici de référence à ce passage.

La capacité à prendre ses responsabilités

Si notre environnement reflète vraiment nos vies (et c'est le cas), est-ce que tout est alors de notre faute ? Et n'est-ce pas rejeter purement et simplement la responsabilité sur la victime ?

Le fait est que, comme le reconnaît le bouddhisme, les problèmes sont naturels. Etre vivant, c'est affronter des problèmes, le problème de se nourrir et celui des tiraillements pénibles dans l'estomac quand nous avons faim, le problème de vivre en sécurité dans une société violente, le problème d'élever des enfants pour qu'ils soient heureux et qu'ils réalisent tout leur potentiel. Et bien d'autres encore. De tels problèmes ne sont pas de notre faute, ils font simplement partie de ce que cela signifie d'être vivant.

De plus, si nous ne sommes pas responsables de la conduite des autres - c'est leur responsabilité - , nous devons nous sentir responsables de notre propre conduite. Cela implique que nous assumions la responsabilité de la situation dans laquelle nous nous trouvons - aussi difficile et arbitraire qu'elle puisse nous paraître.

Il se peut qu'on ne comprenne pas clairement, de prime abord, quelles sont les causes qui nous ont conduit à être pauvre, ou dur d'oreille, ou incroyablement timide. Cependant, le bouddhisme explique qu'en considérant les choses dans la perspective de l'éternité de la vie et des myriades de bonnes et mauvaises causes que nous avons créées, nous avons bien, en fait, créé les causes pour être où nous sommes et qui nous sommes dans cette vie. Nous sommes tous, en définitive, responsables de tout ce qui concerne nos vies.

Nous sommes vraiment les responsables de l'architecture de notre existence, et notre environnement reflète précisément ce que nous avons construit. Le bouddhisme comporte un sens radical de la responsabilité et donne à l'individu les moyens d'effectuer le changement. Si nous sommes malheureux dans la situation qui est la nôtre, nous avons la capacité de faire quelque chose pour qu'elle change.

Le genre de responsabilité dont nous parlons ici est, disons, plutôt extrême. La conception bouddhique de la vie nous demande d'accepter la responsabilité de nos vies à 100 %. On peut avoir du mal à imaginer que nous soyons tenus pour responsables de quelque chose comme le fait d'avoir un patron terrible. Mais n'avez-vous pas choisi votre travail, et n'avez-vous pas choisi de rester dans cette compagnie pendant toute cette période ? Vous n'avez pas rendu mauvais votre patron. Ce n'est pas de votre faute s'il est mauvais. Cependant, vous êtes responsable d'être là, et d'y rester.

En outre, la plupart des patrons, aussi exigeants et arrogants soient-ils, ont généralement une écurie de favoris, des employés qui exécutent leurs ordres et s'entendent plutôt bien avec eux. Pourquoi n'êtes vous pas l'un d'entre eux ? Avez-vous choisi de ne pas en être, pour une raison noble ou pour un autre motif ? Quelles qu'en soient les raisons, c'était votre choix. En fait, plus nous examinons de près n'importe quelle situation de la vie, en utilisant l'œil bouddhique de la clarté et de la sagesse, mieux nous sommes amenés à comprendre que nous sommes assurément responsables de tous nos choix et, ainsi, de l'expérience que nous avons de notre environnement, pour le meilleur et pour le pire.

Cependant, vous pouvez encore penser que cette discussion est franchement absurde. Comment l'individu peut-il être tenu pour responsable, disons, d'un tremblement de terre, ou d'un accident d'avion ?

On trouve rarement les paradigmes de ce mode de pensée hors du monde bouddhiste, mais parfois cela arrive. Prenons, par exemple, le film *Rain Man*, qui a obtenu plusieurs oscars.[11] Dans ce film, vous vous en souvenez peut-être, le personnage interprété par Dustin Hoffman, le Raymond qui traîne des pieds et qui marmonne (son frère cadet ne pouvait pas prononcer correctement son nom, d'où ce nom de *Rain Man*)[12], est un autiste profond, qui a passé la majeure partie de sa vie dans une institution psychiatrique. Il a pourtant un don mysté-

11. Oscar du meilleur film, du meilleur réalisateur, du meilleur acteur (Dustin Hoffman), du meilleur scénario original, (1989), Ours d'Or du meilleur film (Berlin, 1989).

12. *Rain Man*, déformation d'enfant du prénom Raymond, veut dire aussi, littéralement, « Homme Pluie ».

rieux pour les mathématiques. Quand son jeune frère Charlie, interprété par l'acteur Tom Cruise, essaie de l'emmener en Californie sans délai, les complications surgissent.

À un moment, ils sont dans un aéroport et Charlie essaie de choisir un vol pour Los Angeles. Après en avoir trouvé un, un vol de American Airlines, Raymond soulève des difficultés. Pourquoi ? Parce que, dans les décennies précédentes, American Airlines avait eu plusieurs accidents aériens mortels. Déçu, Charlie propose Continental Airlines. À nouveau, Raymond fouille dans la banque de données de sa mémoire et crache une série de chiffres donnant le détail des passagers tués ou blessés dans les accidents de la Continental. Finalement, en désespoir de cause, Charlie lève les bras et demande : sur quelle compagnie veux-tu voler ? La réponse de Raymond est : Qantas. La compagnie nationale australienne Qantas n'avait jamais été impliquée dans un crash mortel. Bien sûr, Qantas n'assure pas les vols intérieurs aux États-Unis, et ce n'était donc pas une option possible. Ils finirent alors par louer une voiture.

À la base de l'absurdité comique de la scène, il y a une question importante. Quand vous prenez l'avion, vous devez prendre la responsabilité du risque - même si celui-ci est minime - que l'avion s'écrase. Quiconque vole sur une ligne aérienne commerciale prend un certain risque. C'est un petit risque, statistiquement beaucoup plus faible que celui que l'on encourt en voiture. Mais le risque existe. Le bouddhisme ne vous reproche pas d'être à bord d'un jet quand il s'écrase. Mais il vous demande d'en assumer la responsabilité. Après tout, c'était votre choix de prendre ce vol et d'embarquer dans cet avion, ou même, tout simplement, de prendre l'avion.

Il est sûr que l'on ne peut reprocher à personne d'être pris dans un tremblement de terre. Mais la question mérite d'être posée : étiez-vous informé de l'histoire sismique de l'endroit où vous viviez, ou que vous étiez en train de visiter ? Les gens qui vivent près de la faille de San Andreas (la population de Los Angeles et San Francisco, par exemple) devraient savoir qu'ils portent une certaine responsabilité en s'installant dans une des régions réputées les plus instables de la planète. C'est comme ceux qui bâtissent leurs maisons dans une plaine inondable et qui doivent vivre avec le risque d'être inondés dans les saisons de grandes tempêtes.

Selon le bouddhisme, dans la vie, il n'y a pas d'accidents et il n'y a pas de coïncidences. Il y a seulement la loi d'airain de cause et d'effet, ou, pour le dire de façon encore plus précise, *Nam-myoho-renge-kyo*. Quand vous adoptez le point de vue bouddhique et que vous intériorisez profondément cette loi dans votre vie, vous commencez à acquérir un formidable pouvoir sur vous-même et sur votre relation avec le monde extérieur.

L'objet pour atteindre la boddhéité

On peut maintenant se poser raisonnablement la question : tout ça est parfait en théorie, mais comment suis-je censé le traduire dans ma vie quotidienne ? Il ne suffit certainement pas de regarder le monde différemment de temps en temps, ou de décider avec détachement, et de façon intellectuelle, que l'unité du sujet et de l'environnement est le mode de pensée correct. Dans le bouddhisme dont nous parlons, se limiter à « penser correctement » sans une pratique assidue n'est, finalement, que de l'idéalisme. Cela ne changera pas notre vie. Heureusement, même si la théorie qui est derrière la récitation de *Nam-myoho-renge-kyo* est profonde, la pratique fondamentale est, par elle-même, facile. Que vous compreniez ou non la signification de *Nam-myoho-renge-kyo*, ou de « la relation d'inclusion mutuelle de la vie et de tous les phénomènes », ou de tout autre terme dans ce livre, en récitant cette seule phrase, vous pouvez quand même obtenir de grands bienfaits, exactement comme vous pouvez allumer votre ordinateur en appuyant sur un bouton, même si vous n'avez peut-être aucune idée de la façon dont ça marche.

Le but de la pratique bouddhique n'est pas de « comprendre » la vérité comme un objet extérieur à nous-même, mais de faire un avec la vérité. Dans la terminologie technique bouddhique, on appelle cela la fusion de la réalité (objet), et de la sagesse (sujet). Comme nous l'avons souligné, la méditation bouddhique traditionnelle vise à transcender la barrière sujet-objet et à réaliser la parfaite unité du moi et de la réalité extérieure. Au sujet de ce principe, Nichiren écrit : « *N'est-ce pas le sens du sûtra et de son interprétation que le chemin de l'Éveil est contenu dans les deux éléments de la réalité et de la sagesse ? La réalité désigne la vraie nature de tous les phénomènes, et la sagesse représente la manifestation illuminée de cette vraie nature. Ainsi, si l'on compare la réalité au lit d'une rivière et que celui-ci est infiniment large et profond, les eaux de la sagesse s'écoulent sans fin. Ainsi donc, quand réalité et sagesse fusionnent, nous atteignons la boddhéité dans notre forme actuelle.* »[13]

Le bouddha réalise la parfaite identité de soi et de la Loi, ou réalité ultime. Cela paraît élémentaire, tout particulièrement si l'on croit, intellectuellement, à l'unité essentielle des humains et de l'univers, comme cela a été décrit ci-dessus. Après tout, nous sommes tous des bouddhas, n'est-ce pas ? Le fait que nous ayons en nous la nature inhérente de bouddha ne signifie cependant pas, en soi, que nous soyons effectivement des bouddhas. Nous nous éveillons seulement à cette nature de bouddha quand notre sagesse subjective fusionne avec la réalité objective. Pour rendre cela accessible à tous, Nichiren a matérialisé sa propre illumination en un objet de dévotion appelé *Gohonzon,* un manuscrit au centre duquel sont écrits verticalement, en caractères gras, les mots *Nam-myoho-renge-kyo.*

Aujourd'hui, le *Gohonzon* correspond à l'objet, tandis que notre pratique devant le *Gohonzon* correspond au sujet, ou sagesse subjective. Quand nous récitons *Nam-myoho-renge-kyo* devant le *Gohonzon,* la dualité sujet-objet se dissout, nous permettant de fusionner avec le macrocosme. À cet instant, nous manifestons l'état de bouddha.

Comment cette fusion s'accomplit-elle ? Le terme *Nam,* de *Nam-myoho-renge-kyo,* indique la « dévotion », c'est-à-dire notre pratique de récitation devant le *Gohonzon.* Par notre pratique quotidienne, nous dédions nos vies à l'ultime et immuable

---

13. « Mise en garde contre l'offense à la Loi », lettre de Nichiren au seigneur Soya, devenu *nyudo* Horen, 1276. Un *nyudo* est un laïc qui a pris des vœux monastiques.

réalité incarnée dans le *Gohonzon*, ou nous fusionnons nos vies avec elle. Le résultat de nos efforts, c'est que nous faisons surgir simultanément une sagesse infinie qui fonctionne suivant nos situations changeantes. Cette dernière est la sagesse grâce à laquelle nous, êtres humains, pouvons faire l'expérience d'une joie et d'une liberté illimitées, en dépit des incertitudes de nos vies quotidiennes.

Lorsque vous avez pratiqué la récitation, par exemple, les gens peuvent vous apparaître sous un nouveau jour. Des relations complexes semblent plus claires, peut-être pour la première fois. Quand vous allez à votre bureau, la politique byzantine et les intrigues d'arrière-cour apparaissent en pleine lumière. Eh ! vous comprenez tout d'un coup que, derrière toutes ses bravades et son comportement arbitraire, le patron est finalement une personne inquiète qui veut être aimée. À la maison, des blocages émotionnels anciens commencent aussi à être considérés avec plus de souplesse et de compréhension. Toutes ces nouvelles perceptions subtiles viennent du fait que vous regardez le monde avec l'œil de la sagesse. Le gouffre qui sépare habituellement la réalité objective de votre sagesse subjective a été comblé. Pour la plupart d'entre nous, les problèmes de la vie proviennent de la grande contradiction qui existe entre la réalité et l'évaluation subjective que nous en faisons. Maintenant, peut-être pour la première fois depuis longtemps, vous pouvez utiliser cette sagesse - cette vision d'ensemble inimaginable pour percevoir les situations complexes - de façon à trouver l'acte compatissant nécessaire pour résoudre les problèmes.

La pratique pour soi et pour les autres

Puisque nos vies sont inséparables de la vie de l'univers, et puisque, en tant qu'individus, nous sommes connectés à chaque autre personne sur terre, nous devons prendre aussi la responsabilité du bonheur de ceux que nous aimons et de nos amis. Comme dit le proverbe, si la maison de votre voisin brûle, pouvez-vous vraiment être en sécurité ? Cette prise de conscience est à l'origine de ce que le bouddhisme appelle la voie du bodhisattva. Un bodhisattva est celui qui aspire à l'illumination tout en œuvrant, en même temps, pour aider les autres à atteindre le même but. Concrètement, les efforts accomplis pour le bien des autres sont réellement plus utiles pour changer notre propre karma que ceux accomplis seulement pour nous transformer nous-même. La pratique pour les autres peut inclure le partage de notre expérience, en apportant un soutien moral et émotionnel et en insufflant de l'espoir aux autres, et, finalement, en les aidant à pratiquer le bouddhisme. Oui, le bouddhisme est hautement individualiste, fondé d'abord sur nos efforts solitaires de récitation. Mais si nos efforts sont seulement dirigés vers notre propre amélioration, toute vérité obtenue ne sera que partielle.

C'est donc là un paradoxe du bouddhisme. Alors que nous disons que la pratique fondamentale pour se développer est la récitation individuelle devant le *Gohonzon*, il n'y a pas de véritable révolution de soi si nous ne nous ouvrons pas aux autres. Robert Thurman, auteur et professeur de religion à l'université Columbia (New York), dirigea une fois un atelier entier sur la base d'un simple précepte de Shantideva, un moine indien du VIIIe siècle : « *Tout le bonheur dans le monde vient de ce que l'on pense aux autres ; toutes les souffrances dans le monde viennent de ce que l'on pense seulement à soi-même.* » En vous souciant des problèmes des autres, vos propres problèmes sont atténués, à la fois par leur mise en perspective - car vous comprenez que, peut-être, d'autres que vous ont des obstacles plus sérieux que les vôtres - et dans leur réalité - car, quand vous arrêtez de vous concentrer sur vos propres difficultés, celles-ci cessent de vous dominer.

On sait qu'une goutte d'encre bleue versée dans une tasse d'eau suffit à colorer toute l'eau en bleu. Cette même goutte dans l'océan disparaît complètement. De même, en nous immergeant nous-même dans les luttes pour la vie des autres personnes, comme nous développons notre capacité naturelle de compassion (ce que le bouddhisme appelle notre nature de bouddha), nous gagnons ainsi en sagesse et en force vitale pour surmonter nos propres problèmes.

La vie est une bataille de chaque instant entre notre nature de bouddha et les œuvres de l'illusion. Quand nous récitons *Nam-myoho-renge-kyo* et que nous faisons des efforts pour les autres, nous pouvons utiliser les ressources de notre nature de bouddha et triompher de notre nature en proie à l'illusion. Ce principe peut aussi être appliqué à la société. Quand les idéaux humanistes du bouddhisme se répandent, la société devient plus humaine à tous égards. Conformément au principe de l'unité de la vie et de son environnement, l'environnement reflète à la fois le positif et le négatif. Ainsi, depuis le problème de la guerre jusqu'aux menaces en cours sur l'écosystème global, un réel changement durable dépend de la manifestation de la nature illuminée d'innombrables individus. Établir, au cœur de nos vies et de la société, la philosophie humaine que le bouddhisme défend est une voie efficace pour apporter la paix et l'harmonie dans notre monde.

CHAPITRE IV

Le bonheur

Nous tenons pour évidentes en elles-mêmes les vérités suivantes : tous les hommes sont créés égaux ; ils sont doués par le Créateur de certains droits inaliénables ; parmi ces droits se trouvent la vie, la liberté et la recherche du bonheur.

Thomas Jefferson[1]
Déclaration d'indépendance
des États-Unis d'Amérique (4 juillet 1776)

La plupart des gens sont aussi heureux qu'ils décident de l'être.

Abraham Lincoln[2]

Le bouddhisme enseigne que le bonheur est le but de la vie. Ce n'est pas, cependant, quelque chose qu'on obtient sans efforts. Comme les obstacles apparaissent continuellement à

1. Thomas Jefferson (1743-1826), principal rédacteur de la Déclaration d'indépendance des États-Unis (1776), ambassadeur des États-Unis en France (1785-1789), troisième président des Etats-Unis (1801-1809).
2. Abraham Lincoln (1809-1865), seizième président des États-Unis. Il dirigea les États-Unis pendant la guerre de Sécession et mourut assassiné par un sympathisant sudiste.

mesure que nous traçons notre chemin dans l'existence, nous sommes nombreux à ne jamais réaliser entièrement ce qu'il y a de plus fondamental dans les objectifs de la vie, sauf pendant de brefs intervalles. Souvent, notre expérience du bonheur est si éphémère que nous ressassons d'une manière obsédante le « bon vieux temps » et que nous nous sentons nerveux et insatisfaits le reste du temps. *« Nous étions heureux quand nous étions jeunes »* est un refrain ordinaire. En réalité, quand nous étions effectivement jeunes, nous étions anxieux et maladroits, nous avions une vilaine peau et une foule d'autres problèmes. Ou bien, *« nous étions réellement heureux pendant ces vacances d'été »*, alors qu'en réalité, nous nous étions ennuyés et nous avions pris de méchants coups de soleil. Ou encore, *« j'étais heureux quand j'étais avec Marie »*, alors que vous aviez suffisamment de bonnes raisons de quitter Marie, et elle de vous quitter. Et ainsi de suite. Quelque chose est arrivé, les choses ont changé et, avec le changement, notre bonheur s'en est allé.

Par une pratique bouddhique correcte, nous pouvons créer les causes fondamentales qui conduisent au bonheur indestructible. Les enseignements du bouddhisme expliquent le « secret » qui nous permet de profiter pleinement de la vie et pas seulement de « rechercher » sans fin le bonheur, mais de le saisir et de le retenir, ici et maintenant, tels que nous sommes. Mais d'abord, il est nécessaire de définir le bonheur de façon à savoir exactement ce que nous recherchons.

Depuis longtemps, nous avons cru fermement en notre droit à la « recherche du bonheur ». Comparé à ce que les gens espèrent - santé, richesse, succès, statut social - le bonheur figure en tête de liste pour la plupart d'entre nous. Indissociable de la vie et de la liberté, sans lesquelles une telle préoccupation n'aurait aucun sens, le bonheur est à la base même de notre mode de vie.

Il vaut la peine de souligner, cependant, que la fameuse *« recherche du bonheur »* de Jefferson faisait référence, selon de nombreux commentateurs, à la libre entreprise - c'est-à-dire aux capacités de chaque individu à rechercher sa propre destinée économique, libre de toute entrave de règlements étrangers et d'impôts écrasants. Cela faisait partie de la nouvelle vision du monde de l'époque, qui considérait que si on laissait les gens libres de poursuivre leurs ambitions économiques - ce qui avait été refusé aux colons en Europe - cette liberté constituerait le bonheur. Aujourd'hui, au temps du confort matériel et de l'abondance, inimaginables du temps de Jefferson, nous savons que cette définition est incomplète. Les puissants capitalistes et les bâtisseurs de grandes fortunes personnelles ne sont pas nécessairement des personnes heureuses.

Cependant, la vie, la liberté, et la « recherche du bonheur » sont de manière croissante devenus, nos nouveaux idéaux. S'il est, incontestablement, agréable d'acheter les « jouets » que nous croyons être garants de notre bonheur, il est tout aussi vrai que la joie que nous ressentons ne dure pas longtemps. L'excitation de la voiture neuve s'efface rapidement devant la réalité des traites périodiques. Les vêtements neufs s'usent ou deviennent démodés. Pour recréer la joie de l'achat initial, nous achetons plus et toujours plus. Il n'est pas surprenant, dans ces conditions, que la croyance selon laquelle nous serions plus heureux, si seulement nous avions plus d'argent, soit devenue une forme de sagesse ordinaire.

Les mythes au sujet du bonheur

La conception du bonheur qui prévaut en Occident suggère que - en plus de la richesse - la renommée, le succès, la jeunesse et la beauté sont des composants décisifs du bonheur. Après tout, ceux qui sont jeunes, riches, célèbres et beaux ne sont-ils pas plus heureux ? N'est-ce pas celui qui collectionne le plus de « jouets » qui gagne au jeu de la vie ?

Les psychologues et les chercheurs qui se sont longtemps penchés sur la recherche des causes du malheur, telles que la dépression, le stress, le chagrin, commencent à porter leur attention sur le bonheur.

Leur conclusion est la suivante : le bonheur n'est pas ce que la plupart des gens imaginent. De façon étonnante, ils ont trouvé à maintes reprises que les différences entre les gens que nous considérons comme des indicateurs importants du bonheur - tels que l'argent, l'âge, le genre, la santé, l'appartenance ethnique, l'éducation, le métier et la situation géographique - n'ont qu'un effet mineur sur la satisfaction véritable qu'une personne éprouve dans l'existence. Aussi surprenant que cela puisse paraître, les conditions extérieures n'ont pas grand-chose à voir avec le bonheur.

Ce qui complique le problème, c'est la tendance à nous comparer avec autrui sur la base de ces critères illusoires, augmentant par là le sentiment d'insatisfaction continuelle qui alimente le malheur. Nous nous évertuons à être à la hauteur des autres parce que, sur la base de ces critères, ils paraissent plus heureux que nous. Il s'avère que, dans tous les registres habituels de comparaison, ils ne le sont probablement pas.

Le problème, c'est que nous croyons qu'ils le sont. Et c'est cette perception fausse qui crée un malheur véritable là où il n'en existait pas auparavant. Les publicitaires exploitent notre propension à nous comparer aux autres, qui apparaissent plus riches, et, par conséquent, plus heureux que nous. En nous bombardant d'images de gens dont les élégants signes de richesse (modes de vie extravagants, corps splendides, familles harmonieuses, etc.) éveillent nos envies, ils élargissent notre gamme de comparaisons et aiguisent notre appétit pour ce que détiennent les autres. Ce malheur fabriqué est utilisé comme stimulant pour nous amener à acheter l'ingrédient « manquant » à notre bonheur.

On croit aussi, généralement, que nous serions plus heureux si nous avions moins de problèmes, ou que, une fois résolu le problème auquel nous faisons directement face, le bonheur s'ensuivra. Mais cela n'arrive jamais tout à fait comme cela. Le problème du jour est remplacé par de nouveaux problèmes en une succession sans fin. À peine pensons-nous avoir une possibilité de reprendre notre souffle que nous sommes confrontés à de nouveaux défis. Cette manière de penser assimile les problèmes au malheur. Est-il possible de bâtir une vie sans problème pendant une période significative ? Le bouddhisme dit que non.

Le bonheur durable n'est pas l'absence de problèmes. Comme l'écrit Nichiren : *« Même si des soucis devaient survenir dans la vie courante, ne vous laissez jamais perturber. Nul ne peut éviter les problèmes, pas même les sages ou les personnes de mérite.* »[3] Tout le monde a des problèmes. Pourtant, nous connaissons tous des gens avec d'énormes problèmes qui sont heureux et des gens qui ont tout pour eux et qui sont malheureux.

Le bouddhisme décrit la vie comme une série de souffrances qui surviennent à l'intérieur du cycle éternel de naissance, vieillesse, maladie et mort. Il y a, sans aucun doute, d'autres sortes de souffrances, comme celle de perdre un être cher, tomber dans la dépression, être renvoyé de son travail, vivre dans la pauvreté dans une société d'abondance, faire l'expérience des obstacles liés à l'origine ethnique, qui toutes ajoutent à la souffrance et à l'angoisse.

Au niveau le plus fondamental, le bouddhisme reconnaît que la vie abonde en problèmes. Cette vision de l'existence a commencé à se répandre progressivement dans la culture occidentale. « La vie est difficile », tels sont les mots d'introduction de l'un des livres d'aide personnelle les plus populaires jamais écrits, celui de Scott Peck, *Le Chemin le moins fréquenté.*[4] « *C'est une grande vérité, l'une des plus grandes* », écrit Scott Peck et, dans une note en bas de page, il explique que c'est la première des Quatre Nobles Vérités enseignées par le Bouddha.

Comprendre que la vie est synonyme de difficultés nous libère, parce que cela nous aide à appréhender les problèmes et la souffrance comme des composantes naturelles de la vie, et non comme des signes de nos insuffisances. Comme dit le proverbe : « *Un cœur étriqué s'habitue au malheur et devient docile, tandis qu'un grand cœur domine l'infortune.* » Dans la perspective bouddhique, le fait que la vie soit remplie de problèmes n'est pas une raison pour être déprimé, découragé ou résigné à un destin misérable. Le bouddhisme n'est pas le stoïcisme.

Le bouddhisme trouve le bonheur au cœur des problèmes plutôt que dans leur absence. Dans la plupart des cas, l'illusion est la raison pour laquelle tant de gens sont malheureux. Ces

---

3. « Le bonheur en ce monde », lettre de Nichiren à Shijô Kingo, 1276.

4. Morgan Scott Peck, *Le Chemin le moins fréquenté. Apprendre à vivre avec la vie.* Paris, Robert Laffont, 1987 (rééd. J'ai Lu, 1990). L'original américain a été publié sous le titre *The Road Less Traveled*, 1978. L'auteur était un psychiatre à orientation analytique.

personnes croient aux mythes prédominants que notre culture propage sur le bonheur.

Nichiren a expliqué que la seule différence entre un bouddha (une personne qui a atteint le bonheur véritable) et un simple mortel (une personne qui ne l'a pas réalisé), c'est que le simple mortel vit dans l'illusion alors que le bouddha vit dans l'état d'éveil. Dit plus simplement, cela signifie que les êtres humains n'arrivent pas à comprendre la véritable nature du bonheur. En conséquence, ils sont souvent incapables de le trouver parce qu'ils le cherchent aux mauvais endroits.

Répondre à nos espérances concrètes pour parvenir au bonheur demande plus qu'un effort. Nous devons savoir ce qu'est le bonheur, ce qu'il n'est pas, et, avant tout, avoir une méthode pratique pour le réaliser. Nichiren a expliqué avec clarté quelle est la pratique qui nous permet d'effectuer la construction d'un bonheur durable et indestructible.

Bonheur relatif et bonheur absolu

Selon le bouddhisme Mahayana enseigné par Nichiren, il existe deux types de bonheur : relatif (temporaire) et absolu (durable).

Le bonheur relatif est le sentiment de satisfaction, de contentement ou de joie que l'on éprouve après avoir atteint un objectif ou avoir réalisé nos désirs. Du fait de l'inscription dans le temps de ce que nous accomplissons ou de ce que nous obtenons, ce genre de bonheur subit habituellement l'usure du temps. Si nous sommes fondamentalement des individus malheureux, nous le restons, et souvent, après avoir expérimenté cette joie, nous sommes plus découragés que jamais, parce que nous en ressentons encore plus vivement l'absence.

Par exemple, si vous avez connu un mariage heureux, la mort de votre épouse peut vous plonger au plus profond de la tristesse. Nombre de gens, aussi, parviennent au terme de leur vie dans la solitude, le dénuement et la misère quand bien même ils avaient connu une certaine renommée ou popularité durant leur vie.

Ni la richesse, ni le statut social, ni la renommée, ni la beauté ne peuvent nous garantir une vie heureuse. La raison en est que le bonheur fondé sur toutes ces choses est un bonheur relatif. Il est dépendant, circonstanciel et temporaire. Quiconque s'efforce de construire une vie heureuse fondée sur la richesse, le statut social, la renommée ou la beauté finira par connaître l'insatisfaction, la perte et le malheur.

Au lieu de cela, le bouddhisme décrit un bonheur qui est absolu et durable. Le bonheur absolu est un état de vie dans lequel nous pouvons apprécier notre existence dans n'importe quelle circonstance. On appelle aussi boddhéité cet état de bonheur absolu. Nous sommes nés dans cette vie pour être heureux, pas seulement pour endurer la souffrance. C'est une prémisse essentielle du bouddhisme enseigné par Nichiren et par la Soka Gakkai internationale, l'organisation laïque des disciples de Nichiren à travers le monde.

Comment pouvons-nous atteindre le bonheur durable quand notre état de vie habituel est si changeant ?

Un principe bouddhique central, que l'on appelle les dix états, expose de façon systématique le drame continuel, d'instant en instant, de nos vies intérieures. Ce principe enseigne que nous faisons l'expérience continuelle de changements d'états de vie qui se produisent bien au-delà du seuil de la conscience. Ces états de vie, du plus bas au plus élevé, sont les suivants :

1) l'enfer
2) l'avidité
3) l'animalité
4) la colère
5) l'humanité, ou tranquillité
6) le bonheur temporaire (on l'appelle aussi bonheur relatif).
7) l'étude[5]
8) l'éveil pour soi ou absorption[5]
9) l'état de bodhisattva
10) l'état de bouddha (appelé aussi illumination, éveil, ou bonheur absolu)

---

5. Les états d'étude et d'éveil pour soi : l'état d'étude est celui des personnes qui s'éveillent en entendant l'enseignement du Bouddha ; par extension c'est celui qui consiste à étudier les enseignements théoriques et littéraux, alors que, dans l'état d'éveil pour soi, on s'éveille soi-même par l'observation directe des phénomènes de la vie (intérieure et extérieure).

Presque tout le monde a tendance à demeurer dans un état de vie plus que dans les autres. Par exemple, dès le plus jeune âge, on peut avoir acquis la réputation d'être « soupe au lait » dans nos relations avec les autres. Les gens qui ont un tel tempérament tendent à se trouver dans l'état de colère. Ou peut-être avez-vous tendance à être passif, du genre timide, qui laisse les choses aller comme elles peuvent. L'humanité est probablement votre état dominant et la passivité votre talon d'Achille. Peut-être êtes-vous quelqu'un qui n'en a jamais assez, qu'il s'agisse d'argent, de sexe, ou d'approbation. L'avidité est alors votre état. On pourrait appeler cela notre « tendance de vie » ou, encore mieux, notre karma.

La plupart d'entre nous luttons toute notre vie contre la même tendance immuable, qui domine nos échanges professionnels, sociaux et familiaux. Quels que soient nos efforts, il y a toujours un ou deux états, ou conditions de vie, autour desquels nous semblons graviter. En dépit des efforts, parfois même herculéens, pour nous améliorer, nous trouvons souvent extrêmement difficile de changer cette tendance fondamentale.

Pour illustrer la manière dont ces dix états, ou conditions de vie, peuvent fonctionner à l'intérieur de notre propre psyché, imaginons « une journée de vie » tout ce qu'il y a de plus ordinaire.

Vous vous levez, vous sortez du lit, peut-être même vous passez-vous un coup de peigne dans les cheveux, comme dans la chanson des Beatles.[6] Vous prenez votre café matinal, tout en lisant le journal. Vous avez peut-être un labrador paisiblement assoupi à vos pieds. Vous êtes dans l'état d'humanité (5), dans lequel on reste - c'est une image - « au point mort ».

Maintenant, vous sortez, vous commencez votre trajet quotidien, et vous vous retrouvez dans des embouteillages pare-chocs contre pare-chocs. Aussitôt après, quelqu'un qui cherche à gagner du terrain vous coupe la route et manque de vous heurter. Vous échangez des regards hostiles avec cette personne impolie. En un éclair, vous êtes dans l'état de colère (4).

---

6. Ce sont des paroles de *A Day in the life* (« Une journée de vie »), chanson des Beatles, extraite de l'album *Sgt. Pepper's Lonely Hearts Club Band* (1967).

En arrivant au travail, vous trouvez que votre supérieur immédiat s'est attribué une fois de plus votre meilleur travail et qu'il a, à nouveau, entassé sur votre bureau des missions ennuyeuses et sans éclat. Vous êtes dégoûté mais, comme n'avez pas le courage d'affronter l'autorité, vous rembarrez à la place votre assistant et vous lui donnez les tâches les plus désagréables que vous pouvez trouver. Vous avez sombré dans l'état d'animalité (3), où l'on est facilement dominé et où, à son tour, on cherche à dominer les autres.

La journée s'écoule et vous allez déjeuner. Comme d'habitude, vous ne pouvez vous empêcher de remarquer des personnes que vous trouvez attrayantes. Hélas ! vous ne fréquentez personne en ce moment. En fait, vous avez presque renoncé à l'espoir de rencontrer un jour la bonne personne. Effectivement, ce sentiment de tristesse et de résignation colore tout ce que vous voyez et faites. Vous êtes dans l'état d'avidité (2), dans lequel de puissants désirs inassouvis déforment votre vision de la réalité.

En retournant au bureau, vous appelez un flirt récent pour avoir un rendez-vous. Cependant, cette personne vous dit que la relation est vraiment terminée, que vos goûts personnels, y compris votre amour du jazz, rendent impossible un nouveau contact. Choqué et blessé, vous commencez à penser que vous ne serez jamais heureux, qu'il n'y a pas d'issue. Votre carrière est dans l'impasse. Vous êtes incapable de construire une relation et vos problèmes vous submergent. Vous êtes maintenant dans l'état d'enfer (1), une situation de souffrance extrême, dans laquelle la moindre parcelle de bonheur semble inaccessible.

Juste à ce moment, quand tout espoir semble perdu, le téléphone sonne. C'est une relation de travail, une personne très séduisante, qui vous appelle parce qu'elle a un billet en plus pour un concert de jazz le soir même, et qui vous propose de l'accompagner. Vous êtes dans l'état de bonheur temporaire (6), l'état dans lequel les désirs sont satisfaits - un état de bonheur relatif (que l'on appelle aussi parfois extase). Votre opinion sur votre journée a changé du tout au tout. Les circonstances qui vous avaient plongé en enfer perdent leur importance, et une aura de bonne fortune baigne votre vie. C'est l'occasion de rappeler que, en bouddhisme, le bonheur temporaire et l'enfer ne sont pas des lieux, mais des conditions de vie.

Tel est le paysage intérieur changeant de l'existence humaine. Il est possible que vous reconnaissiez vous-même les variations de votre propre esprit dans le flot de pensées et d'émotions qui a surgi au cours de cette histoire. Notre vie intérieure est un kaléidoscope, dont les couleurs et les motifs changent avec une variété et une subtilité infinies, parmi la confusion et le chaos de l'existence à notre époque. En vérité, quand survient un événement qui nous transporte de joie, notre situation fondamentale n'a pas vraiment changé ; ce qui a été transformé, c'est notre être intérieur, et ce dernier n'a pas cessé de changer depuis que le réveil a sonné.

Les états de vie que nous avons décrits jusqu'à maintenant sont connus dans le bouddhisme comme les « six voies » ou les « six états inférieurs ». Pour la grande majorité des êtres humains, la vie est essentiellement ballottée d'avant en arrière, comme la boule d'un flipper, au milieu de ces six états de vie. On peut se demander honnêtement ce qu'il y a de mal à vivre dans les états d'humanité et de bonheur temporaire.

Le problème, c'est que ces états ne durent pas. Dans les « six voies inférieures », nous vivons essentiellement en réaction aux conditions extérieures. Dans ces états inférieurs, nous sommes à la merci de notre environnement. Notre bien-être dépend de quelque chose ou de quelqu'un d'autre. Une personne dans les états inférieurs est vouée à une existence semblable à des montagnes russes - heureuse quand tout va bien, malheureuse quand ce n'est pas le cas - n'exerçant finalement qu'une faible maîtrise sur sa vie, en dépit d'efforts souvent prodigieux. Le véritable bonheur ne peut jamais prendre racine dans ces sables mouvants.

Mais nous détenons le potentiel nécessaire pour atteindre un type de bonheur différent et plus solide, qui culmine dans le bonheur absolu, celui de l'état de bouddha. Les états de vie supérieurs, parmi lesquels l'état de bouddha, sont connus comme les « quatre nobles mondes - ou états ».

À la différence des états conditionnés et réactifs des six états inférieurs, les trois premiers nobles états, ceux d'étude, d'éveil pour soi et de bodhisattva sont des états proactifs - c'est-à-dire qui anticipent les situations – et non réactifs, seulement commandés par des stimulations extérieures. Le bouddhisme de Nichiren utilise ces états comme base d'une pratique qui nous conduit à l'état, créé par nous, de bonheur absolu.

Revenons maintenant à notre scénario d'une « journée de vie ». Revigoré par le coup de téléphone, et désireux d'éviter de sombrer dans un fatras de sentiments négatifs sur votre travail, vous vous plongez, avec un enthousiasme renouvelé, dans votre tâche, un projet de recherche majeur dans lequel vous êtes impliqué depuis quelque temps, un projet qui vous permet d'enrichir votre connaissance du métier et du mode de fonctionnement du monde. Les heures passent comme des minutes. Vous êtes dans l'état d'étude (7), celui dans lequel vous acquérez des connaissances sur la vie, même si elles se situent entièrement dans un cadre non bouddhiste. En rentrant chez vous, vous décidez de jouer un peu de piano pour passer le temps avant votre rendez-vous. Vous vous laissez absorber par un « riff », un motif musical de jazz, que vous explorez à travers mille variations. Vous êtes maintenant dans le huitième état, celui de l'éveil pour soi (8), que l'on décrit généralement comme un type d'éveil qui s'obtient par la discipline. On compare aussi cet état au frisson que l'on ressent quand on obtient la maîtrise d'une technique difficile, qu'il s'agisse de construire un bateau dans son jardin, d'apprendre la tapisserie sur canevas, ou de composer un sonnet ou une symphonie.

Supposons maintenant qu'un accord de piano émouvant vous fasse penser à une amie malade à l'hôpital. Vous décidez de lui rendre visite avant d'aller au concert de jazz. Vous êtes maintenant dans l'état de bodhisattva (9), empreint de compassion, caractérisé par le désir d'aider les autres. Cet état est aussi connu comme l'« aspiration à l'illumination », car, ainsi que nous le verrons, l'attention que l'on porte au bonheur des autres et à leur bien-être fait partie intégrante de la conduite d'un bouddha.

La boddhéité : ce qu'est le bonheur

Le dixième état, le plus élevé, est plus difficile à décrire parce que nous n'en faisons pas souvent l'expérience. Nichiren parle de cet état de vie en citant ses vertus : les qualités de notre nature de bouddha sont celles qui donnent aux êtres humains leur grandeur.

Dans sa lettre intitulée « Les trois sortes de trésor », Nichiren écrit : *« Plus précieux que les trésors du grenier sont les trésors du corps, mais plus précieux encore sont les trésors du cœur. Dès lors que vous aurez lu cette lettre, efforcez-vous d'accumuler les trésors du cœur ! »*[7]

Les trésors du grenier représentent les possessions matérielles et la richesse financière. Les trésors du corps désignent la santé, la bonne apparence, le savoir, le statut social, etc. Tout en admettant qu'ils soient importants et que les négliger ne peut que nous causer des souffrances inutiles, tous ces trésors sont soumis à la loi de l'impermanence, et ils sont, dès lors, finalement relatifs. Ils changent avec le temps et ne peuvent servir de fondement à un bonheur durable.

Les trésors du cœur sont les trésors de notre royaume intérieur, c'est-à-dire les qualités et attributs qui émanent de notre nature de bouddha. Les véritables trésors de la vie sont ces qualités qui améliorent nos actions dans la vie quotidienne, nous donnant la sagesse, le courage et l'assurance de triompher de n'importe quelle circonstance. Le fondement du bonheur humain commence dans ce royaume intérieur. Le bonheur ainsi construit n'est ni dépendant, ni éphémère, ni circonstanciel - il est persistant et, comme le dit Hamlet, il résiste *« aux traits et aux flèches de l'outrageuse fortune »*.[8]

Nichiren faisait référence à ce royaume intérieur comme étant « la Tour aux Trésors » (un autre nom de la boddhéité). Il écrit : *« Il n'existe pas d'autre Tour aux Trésors que ces hommes et femmes qui gardent le Sûtra du Lotus. Il s'ensuit donc que ceux qui*

---

7. Lettre de Nichiren à Shijo Kingo, 1277.
8. *Hamlet*, Acte III, scène 1. Extrait de la fameuse tirade qui commence par *« Être ou ne pas être, voilà la question. »*

récitent Nam-myoho-renge-kyo, *que ce soient des personnes éminentes ou d'humble extraction, sont eux-mêmes la Tour aux Trésors. Le lieu où vous résidez et où vous récitez* [Nam-myoho-renge-kyo] *deviendra le lieu où se trouve la Tour aux Trésors.* »[9]

Les trésors du cœur (les qualités de bonheur absolu, les attributs du bouddha) sont entreposés dans la Tour aux Trésors de la vie humaine. Nous, les êtres humains, nous sommes les Tours aux Trésors. En récitant *Nam-myoho-renge-kyo*, nous pouvons reconnaître que nous sommes dotés de tout ce dont nous avons besoin pour être absolument heureux ; nous pouvons ouvrir la Tour aux Trésors de nos vies, et nous pouvons nous revivifier en manifestant ces trésors dans notre vie quotidienne.

Alors, par où commencer ? Commencez par réciter *Nam-myoho-renge-kyo*, encore et encore. Récitez le matin. Récitez le soir. Récitez quand vous êtes triste. Récitez quand vous êtes heureux. Récitez abondamment quand vous êtes confronté à un défi ou à une crise. Et alors les changements commencent à se produire. Plus nous récitons, plus notre tendance dominante de vie devient celle de l'état de bouddha.

L'état de bouddha n'est pas une destination lointaine, un pic montagneux inaccessible qui ne peut être escaladé qu'après plusieurs décennies, peut-être même de nombreuses vies, d'effort ardu. Au contraire, Nichiren explique que c'est le but de notre pratique quotidienne.

Imaginez un morceau de fer que l'on magnétise en le frottant constamment contre un aimant : le morceau de fer acquiert une polarité nord-sud et la propriété d'attirer ainsi d'autres petits morceaux de fer. Plus nous récitons sincèrement, plus notre vie commence à acquérir la « propriété magnétique » de l'illumination. En récitant *Nam-myoho-renge-kyo* (ce qui équivaut à frotter contre l'aimant), nous obtenons sagesse et force vitale (c'est-à-dire la propriété magnétique) et nous attirons bonne fortune et protection en étant en harmonie avec notre environnement.

Par exemple, dans l'état de colère, la situation même se transforme, de telle sorte que la colère s'exprime d'une façon

9. « La Tour aux Trésors », lettre de Nichiren à Abutsu-bo, 1272.

qui produit de la valeur, peut-être sous la forme de l'indignation contre l'injustice. L'état de tranquillité, dans un moment de crise, va prendre, lui, la vertu de la patience.

Développer son Moi intérieur

Les chercheurs contemporains en psychologie nous disent que pour être heureux, on doit :

1) avoir l'estime de soi,
2) avoir le sentiment de maîtriser sa vie,
3) avoir une vision optimiste,
4) se consacrer à un noble objectif.

Outre ces qualités intérieures, les chercheurs s'accordent aussi pour dire que le fait d'avoir

5) un travail et un rôle qui font sens,
6) et des relations d'amour stables et durables

constituent également des composantes importantes d'une vie heureuse. Nous en dirons plus sur ces deux derniers points dans le prochain chapitre.

D'après des études de spécialistes le meilleur indicateur d'une vie globalement satisfaisante n'est pas la vie familiale, ni les amitiés, ni les revenus matériels, mais la réalisation de soi. Comme l'a écrit Daisaku Ikeda : « *Le véritable bonheur n'est pas l'absence de souffrance, car vous ne pouvez espérer un ciel sans nuages, jour après jour. Le véritable bonheur repose sur la construction d'un moi qui se dresse digne et indomptable. Le bonheur, cela ne signifie pas que l'on ait une vie libre de toute difficulté, mais que, quelles que soient les difficultés qui surgissent, vous trouviez, sans être le moins du monde perturbé, le courage inébranlable et la conviction pour les combattre et les surmonter.* »

En définitive, le bonheur est déterminé par le degré avec lequel nous établissons un moi solide. Ce moi est effectivement le moi véritable de notre vie, et c'est la vie de bouddha, qui existe de toute éternité, en harmonie avec la Loi de l'univers. Quand nous découvrons les grands trésors ou vertus de la vie grâce à la pratique bouddhique, nous pouvons modifier de façon spectaculaire l'image que nous nous faisons de nous-même, en nous éveillant ainsi à notre grandeur inhérente. En ce sens, la réalisation de la boddhéité est un processus pour découvrir ce qui sommeille actuellement dans notre cœur, pour découvrir notre véritable moi universel. En même temps, ce n'est pas un état de vie limité à notre seul domaine personnel. La transformation de l'image de nous-même que nous opérons au plus profond de notre vie devient manifeste dans notre comportement comme dans notre environnement. Dans notre cœur et dans notre esprit, dans nos relations et dans notre entourage, réciter *Nam-myoho-renge-kyo* fait bouger notre univers, avec une énorme force, vers le bonheur.

Ce que nous disons, c'est qu'en pratiquant le bouddhisme, chacun peut faire surgir l'état de vie le plus élevé, le bonheur absolu ou boddhéité. Parce que ce bonheur est construit de l'intérieur, il ne peut être détruit de l'extérieur par des circonstances en changement constant. Il nous libère de la dépendance des événements extérieurs et il constitue une forme de contrôle suprême, ou encore de maîtrise de soi. C'est précisément là un aspect important du bonheur.

« *L'enfer, c'est aller à la dérive ; le paradis, c'est tenir le gouvernail* », écrivait George Bernard Shaw.[10] Ceux qui s'engagent dans l'étude et la pratique du bouddhisme conquièrent une maîtrise toujours plus grande de leur état intérieur et, par voie de conséquence, un contrôle des circonstances extérieures auxquelles ils sont exposés. Ils prennent littéralement en charge leur propre univers, devenant maîtres de leur destin par la maîtrise de leur propre esprit. Même en dehors du champ de la philosophie bouddhique, la notion de maîtrise de soi est reconnue comme un des ingrédients importants du bonheur.

Pour comprendre le fonctionnement de ces principes bouddhiques, examinons une expérience vécue, celle d'une jeune femme qui a commencé à pratiquer le bouddhisme dans des conditions particulièrement difficiles. Elle enchaînait depuis

---

10. Extrait de *Don Juan in Hell* (« Don Juan en enfer »), qui est une partie de *Man and Superman* (« Homme et surhomme »), œuvre écrite en 1903. Georges Bernard Shaw (1856-1950) est un écrivain irlandais célèbre, Prix Nobel de littérature en 1925.

toujours une longue série d'échecs amoureux et professionnels. Profondément découragée pour son avenir, elle était la plupart du temps déprimée. Elle se trouvait donc dans un état d'enfer, celui où l'on vit sans espoir.

À titre d'essai, elle commença à réciter *Nam-myoho-renge-kyo* en se concentrant sur deux objectifs : une relation sentimentale durable et une carrière enrichissante. Bien qu'elle eût des résultats encourageants sur les deux tableaux, l'échec continuait à la tourmenter. Mais la connaissance de soi commença à se développer en elle. Elle reconnut progressivement que la racine de son problème était la haine de soi. Elle ne cessait de se critiquer elle-même, alimentant des pensées de doute et de dévalorisation qui la tourmentaient constamment.

Après avoir récité pendant une période qui suivait une rupture sentimentale particulièrement déchirante, elle continuait à se demander : *« Pourquoi personne ne m'aime ? Qu'est-ce qui ne va pas chez moi ? »* En poursuivant sa pratique, elle comprit que personne ne pouvait l'aimer parce qu'elle ne s'aimait pas elle-même. À partir de là, elle concentra sa pratique sur la perception de son véritable moi, sur ses grandes qualités, sur sa nature de bouddha. Elle en vint à accepter sa faiblesse comme un trait naturel et à reconnaître ses atouts uniques et merveilleux. Plus elle s'aimait et s'appréciait, plus son environnement commençait à refléter ce changement intérieur.

Ses relations professionnelles se développaient au mieux, on lui faisait de plus en plus confiance et on l'appréciait au travail. Cela lui ouvrit de nouvelles opportunités et des avantages financiers. Elle reprit une ancienne relation et elle vit aujourd'hui un mariage heureux avec deux enfants. Tout a commencé par la maîtrise et le développement de son moi intérieur, qui est le fondement du bonheur intérieur.

L'optimisme, ou l'aube de l'espoir

Capter notre bonheur absolu signifie aussi vivre de façon optimiste. Les optimistes sont en meilleure santé et réussissent mieux. *« Il n'est pas de pouvoir plus efficace que celui que l'on conquiert sur soi-même »* – ce que les spécialistes désignent sous le nom d'« empowerment » – écrit l'historien et économiste David S. Landes, de l'université de Harvard, dans son livre, *The Wealth and Poverty of Nations: Why Some Are So Rich and Some So Poor* (« La richesse et la pauvreté des nations. Pourquoi certains sont si riches et d'autres si pauvres ») : *« Dans ce monde, les optimistes ont cette capacité, non pas parce qu'ils ont toujours raison, mais parce qu'ils sont toujours positifs. Même dans l'erreur, ils sont positifs, et c'est là le chemin de la réussite. »*[11]

Le bouddhisme nous enseigne de considérer toute chose sous un éclairage positif, comme une occasion de croissance, comme la matière première pour développer le bonheur absolu. La récitation de *Nam-myoho-renge-kyo* est la source vive de cet optimisme et de ce développement que le bouddhisme appelle la « création de valeurs ». Cette source permet aux pratiquants de transformer tout ce qui survient dans leurs vies – les joies comme les souffrances – en causes de bonheur absolu. En conséquence, les individus développent la confiance en leur pouvoir de transformer jusqu'à une intense souffrance en matière première du bonheur. Grâce un tel pouvoir, tout ce qui arrive devient bienfait et occasion favorable.

Prenons un autre exemple dans la vie courante. Un cadre ingénieur de cinquante-huit ans, pratiquant bouddhiste, qui avait consacré toute sa carrière à une grande entreprise, vit son bonheur et sa confiance sérieusement mis à l'épreuve quand il perdit son travail à la suite d'une réduction d'effectifs. À son âge, ses perspectives de retrouver un nouveau travail étaient minces. Malgré des efforts extraordinaires pour chercher du travail, les semaines et les mois passèrent, sans que se présente le moindre résultat. L'épargne de la famille était épuisée et les factures restaient impayées.

Mais le véritable défi, c'était qu'il commençait à perdre espoir. Cette perte d'espoir lui ôtait la détermination et l'énergie nécessaires pour mener des recherches et se préparer à une nouvelle carrière. Il était exposé à la perspective de perdre tout

---

11. Publié en 1998. Édition en français : *Richesse et pauvreté des nations. Pourquoi des riches, pourquoi des pauvres*, Paris, Albin Michel, 2000.

ce pour quoi il avait œuvré. Il était confronté à la nature inconstante d'un bonheur fondé sur le succès, le statut et la richesse matérielle.

Il demanda alors un encouragement dans la foi auprès d'autres bouddhistes expérimentés, et il apprit à considérer sa situation comme une occasion de bâtir une fondation plus solide pour sa vie intérieure et de rechercher les trésors du cœur plutôt que ceux du grenier. Il comprit qu'il avait négligé sa famille et d'autres connaissances importantes, ainsi que sa santé et sa croissance personnelle. Il avait, en fait, échangé de l'or pour de la ferraille.

Il se concentra sur la pratique, utilisant cette crise comme un tremplin pour donner un cours nouveau à son existence, en mettant ses priorités personnelles au premier plan. Il commença à considérer son problème comme une excellente opportunité. Grâce à ce changement de perspective, un optimisme et une détermination renouvelés commencèrent à jaillir des profondeurs de son existence. Cela le remplit d'une énergie toute fraîche et l'incita à ouvrir des pistes dans des directions auxquelles il n'avait pas prêté attention auparavant.

Presque aussitôt, une occasion de reconversion dans un domaine complètement nouveau se présenta. Il examina la proposition et la trouva étonnamment passionnante. Les possibilités d'avancement étaient illimitées. Il finit par développer une nouvelle carrière, pleinement réussie, qui s'avéra plus gratifiante que le travail qu'il faisait auparavant. Mais le plus important fut que son succès tout neuf ne le détourna pas de l'engagement qu'il avait pris : de se consacrer à son propre développement, à sa famille et à ses amis. Il conserva une vie équilibrée et trouva un bonheur qu'il n'avait jamais cru possible auparavant.

Comme l'écrit Daisaku Ikeda : *« La joie véritable émerge sans cesse de l'intérieur de votre vie lorsque vous luttez franchement pour surmonter chaque tempête de difficultés. Cette sorte de joie véritable jaillit sans fin. Vous ne pouvez pas bénéficier d'une joie véritable et profonde si vous cherchez uniquement à vivre des situations confortables, dans lesquelles vous n'avez pas à faire l'expérience d'épreuves sévères. »*

Une vie qui a un but et un sens nous rend forts

Nous sommes forts et nous sommes faibles. Aucun d'entre nous n'est tout l'un ou tout l'autre. Pour le dire simplement, nous sommes forts lorsque nous avons quelque chose d'important à réaliser, et nous sommes faibles quand nous n'avons rien de significatif à accomplir. La faiblesse que nous observons, chez ceux dont la vie est gouvernée par des obsessions et des addictions, est le symptôme de l'absence de but profondément enracinée qui se répand dans notre société. *« Être chaque jour comblé par le sentiment gratifiant de la joie de vivre et d'un but à atteindre et par le sentiment du travail bien fait et celui d'un accomplissement profond – les personnes qui ressentent cela,* écrit Daisaku Ikeda, *sont heureuses. »*

Le bonheur véritable est lié au grand but que l'on se donne. Celui qui vit de cette manière est fort, assez fort pour être heureux dans n'importe quelles circonstances. Celui qui vit de cette manière goûte une sensation d'accomplissement jusque dans les profondeurs de sa vie, sans être affecté par les changements constants de l'environnement. *« Bien sûr,* ajoute Daisaku Ikeda, *la mission, ou l'objectif, que vous vous êtes donné doit être en accord avec votre propre bonheur et celui des autres. C'est ce qui rend possible le bonheur absolu. »*

Le bouddhisme de Nichiren enseigne la nécessité d'une philosophie qui considère « moi et les autres ». Ainsi, les bouddhistes pratiquent pour devenir heureux et, en même temps, aider les autres à le devenir. Et pour apporter la paix à la société, en reconnaissant qu'il est, finalement, impossible de construire son bonheur personnel sur les souffrances (ou le malheur) des autres. Plus encore, nos efforts déployés en faveur du bonheur des autres deviennent une source importante pour notre propre bonheur. En faisant cela, le moi égoïste recule ; et apparaît alors au premier plan le véritable moi, ou boddhéité.

Il y a, bien sûr, de nombreux moyens d'agir avec compassion envers les autres. La discipline du bouddhisme comprend à la fois la pratique pour soi et la pratique pour les autres, avec l'idée que donner aux autres les moyens d'accroître continuellement leur propre capacité de surmonter le malheur et de devenir totalement heureux est l'acte de compassion par excellence.

Nous pratiquons pour le bonheur des autres. Nous enseignons aux autres comment pratiquer. Et nous étudions le bouddhisme ensemble. Ceux qui ont le plus d'expérience partageant leur savoir et leur compréhension profonde et voyant, à leur tour, leur pratique revivifiée par les réalisations des nouveaux venus. Nous travaillons constamment à élargir notre capacité à créer l'harmonie avec les autres dans tout notre environnement, dans notre famille, parmi nos amis, nos collègues, nos voisins, et ainsi de suite.

Le sentiment d'accomplissement surgit quand nous reconnaissons notre mission, qui est d'aider les autres à réaliser leur potentiel et à s'exercer à en faire une réalité. Une vie sans compassion est une existence superficielle. La voie du bodhisattva, le chemin qui consiste à aider les autres, est le chemin infaillible vers le bonheur absolu.

Pour citer une nouvelle fois George Bernard Shaw, dans *Homme et surhomme* : *« Ceci est la véritable joie dans la vie : être utilisé dans un but que vous-même considérez comme noble ; être usé jusqu'à la corde avant d'être jeté sur un tas de débris ; être une force de la nature au lieu d'un paquet, fiévreux et égoïste, de maux et de griefs, toujours à se plaindre que le monde ne veuille pas se dévouer à le rendre heureux. »*

En ce sens, le bonheur véritable ne consiste pas seulement à avoir des idéaux élevés, mais aussi à agir pour réaliser son but, ou sa mission dans la vie, pour le bien des autres. Les derniers mots écrits par Victor Hugo furent : *« Aimer, c'est agir. »* Nous pourrions dire de même qu'être heureux, c'est agir.

Comme Nichiren l'indique : *« Le but de la venue du Bouddha Shakyamuni, le Maître des enseignements, en ce monde réside dans son comportement d'être humain. Être sage, c'est mériter le nom d'être humain. Ne pas réfléchir, c'est n'être rien de plus que des animaux. »*[12]

Les actions incessantes de Shakyamuni pour amener les êtres humains à l'illumination, pour partager son état de bouddha

---

12. D'après « Les trois sortes de trésors », lettre de Nichiren à Shijo Kingo, 1277.

de la manière la plus « réfléchie » possible, selon la capacité de ses auditeurs – « son comportement d'être humain » – fut aussi important que tout ce qu'il a réellement dit.

Réciter *Nam-myoho-renge-kyo* pour soi et pour les autres est le « secret » pour devenir absolument heureux en ce monde. Comme le dit Nichiren, ***« Il n'est pas de véritable bonheur pour les êtres humains en dehors de la récitation de*** Nam-myoho-renge-kyo. *»*[13] Réciter *Nam-myoho-renge-kyo* éveille l'élan de compassion qui sommeille en nous, et fait ainsi surgir la condition de vie la plus élevée vers laquelle nous devons sincèrement tendre. Notre bonheur dépend de l'action que nous menons pour favoriser le bonheur des autres.

La transformation humaine

Sur la base de l'enseignement des dix états, le bouddhisme explique que le moyen de réaliser le bonheur absolu en cette vie – en ce monde, et dans notre situation présente – consiste à assumer la responsabilité de notre état de vie intérieur. Si nous ignorons les dix états qui se trouvent en nous (en particulier, notre nature inhérente de bouddha), nous gaspillons d'énormes quantités d'énergie à rechercher le bonheur relatif.

Ce qui maintient les individus dans les six états inférieurs, ce sont les illusions qui naissent de ce que le bouddhisme appelle les « trois poisons » : l'avidité, la colère et l'ignorance. Laisser libre cours aux trois poisons – par exemple, en croyant que l'acquisition de biens nous conduira au bonheur – nous emprisonnera en fait dans les états de vie inférieurs, là où la souffrance continuelle et le malheur sont les seuls résultats possibles.

Si les illusions sont la cause du malheur et si la croyance dans une philosophie correcte est de nature à conduire au bonheur absolu, alors la réforme des croyances erronées devient la méthode pratique dans notre recherche du bonheur. Nichiren concluait donc que, si nous voulons devenir heureux, nous

13. « Le bonheur en ce monde », lettre de Nichiren à Shijo Kingo, 1276.

devrions nous « *hâter de réformer les croyances que nous gardons dans notre cœur* » et adopter la sagesse du bouddhisme.[14]

La pratique bouddhique est conçue pour nous aider à réformer les croyances illusoires dans notre cœur. Ce processus de réforme intérieure, de révolution humaine, à la différence des révolutions du passé, n'implique ni idéologies, ni systèmes moraux, ni codes de conduite, ni violence. Nous récitons tout simplement *Nam-myoho-renge-kyo* dans l'attente de bienfaits, avec l'espoir de réaliser nos objectifs.

Nous sentir heureux ou malheureux dépend finalement de nous. Mais quand nous changeons effectivement notre état de vie, tout notre monde est transformé. Si nous ne changeons pas notre état de vie, nous ne pouvons trouver le véritable bonheur. Le moyen d'accomplir cette transformation, c'est de réciter *Nam-myoho-renge-kyo*, la pierre angulaire de la pratique bouddhique. Nous récitons *Nam-myoho-renge-kyo* pour réaliser notre révolution humaine, pour réformer les croyances que nous entretenons, et pour invoquer la puissance intérieure qui transcende nos difficultés personnelles et apporte de l'aide à autrui.

---

14. « Traité pour la pacification du pays », lettre de Nichiren adressée au clan Hojo, responsable du gouvernemnt au Japon, 1260.

CHAPITRE V

Des relations humaines harmonieuses

Plus grand est mon amour de l'humanité en général,
moins j'aime les gens en particulier,
c'est-à-dire séparément, en tant qu'individus.
Fedor Dostoïevski

Je définis ainsi l'amour : c'est la volonté de se dépasser dans le but de nourrir sa propre évolution spirituelle ou celle de quelqu'un d'autre.
Morgan Scott Peck

Aimer les gens ou chérir l'humanité dans l'abstrait est relativement facile. Eprouver de la compassion pour des individus réels, aimer un seul être humain, est considérablement plus difficile. La plupart d'entre nous avons entendu parler de personnes qui soutiennent des causes humanitaires nobles, et qui font peut-être des dons à des organisations philanthropiques, ou encore à des groupes de militants associatifs, mais dont la vie privée est caractérisée par l'insensibilité, et même la cruauté, à l'égard de leurs proches. Par contraste, la compassion pour l'humanité, dans les enseignements bouddhiques, n'est pas un simple idéalisme : c'est une chose pour laquelle nous luttons tous les jours.

Nous avons dit que la nature de bouddha réside en chaque individu, et que notre bonheur est fondé sur la construction d'un solide moi intérieur. Bien que le bouddhisme soit un puissant outil pour bâtir notre propre force intérieure, ce n'est pas une activité solitaire. L'enseignement bouddhique montre plutôt que la compassion réciproque entre nous et les autres est le moyen le plus satisfaisant pour vivre en société, et qu'il est - en réalité - une sorte de préalable à l'illumination.

Une personne douée de sagesse essaie de renforcer et de mettre en valeur ce qu'il y a de meilleur chez les autres. L'humanisme du Sûtra du Lotus, l'enseignement essentiel pour notre époque, met l'accent sur la valorisation de l'individu. Une personne dans l'état de bouddha respecte l'individualité des autres, et désire également que ceux-ci manifestent leurs qualités uniques. L'objectif bouddhique de l'illumination universelle commence ainsi par la valorisation de soi, puis des personnes alentour, pour finalement s'étendre vers l'extérieur jusqu'à inclure tout le monde.

Comment cultiver cette attitude et développer des relations satisfaisantes, tel est le sujet de ce chapitre.

Une chose est sûre : tout le monde entretient des relations. Même ceux qui vivent une existence monastique entrent en interaction avec les autres moines. Des relations de différentes sortes constituent une part inévitable de la vie humaine, et cela est encore plus vrai pour ceux qui vivent au cœur des réalités quotidiennes de la famille, des amitiés et du travail. Mais, au-delà, le désir de compagnie est très profondément enraciné en nous. Dans leur recherche du bonheur personnel, les êtres humains sont conduits à rechercher des relations durables et réussies, en particulier des relations intimes.

Le fait d'avoir des relations satisfaisantes et durables contribue grandement au bonheur. Beaucoup trop souvent, malheureusement, nos relations - que ce soit avec la famille, les amis ou les collègues de travail - peuvent être davantage une source de souffrance et de peine que de joie et de satisfaction. Ou bien des relations qui furent autrefois satisfaisantes ne durent pas. Etant donné que tant de gens sincères et bien intentionnés consacrent autant d'efforts et d'énergie à chercher et à entretenir des relations, pourquoi sont-elles si nombreuses à échouer ?

Elles échouent parce qu'il nous manque la sagesse nécessaire pour les faire réussir. Fréquemment, nous nous engageons dans ces relations pour des raisons qui ne favorisent pas leur durée.

Tout dépend de vous

Que vous fassiez l'expérience d'une relation de façon positive ou de façon négative, cela dépend de vous, de vos propres croyances et attitudes. Cette idée peut paraître, à première vue, difficile à accepter. Cependant, développer des relations réussies commence par le fait d'accepter la responsabilité complète de votre vie et de votre rôle dans ces relations.

Un autocollant familier sur les pare-chocs, aux États-Unis, dit : *« Il est difficile de voler comme un aigle, quand vous êtes entouré de dindes. »* Le bouddhisme enseigne que notre environnement reflète notre état de vie intérieur. Le bouddhisme suggère donc que, si vous êtes entouré de dindes, il est très probable que, au lieu d'être l'aigle que vous croyez être, vous êtes, en réalité, vous-même une dinde. Et, par extension, votre environnement est celui d'un élevage de dindes. Le problème n'est pas, cependant, que vos « consœurs » les dindes vous empêchent de vous envoler. C'est plutôt que vous devez vous transformer vous-même en l'aigle que vous désirez être.

Comme chacun d'entre nous est, au niveau le plus fondamental, un bouddha, il n'y a rien de mauvais chez nous. Nous ne sommes ni impurs ni imparfaits. C'est notre esprit non éveillé qui est défectueux. Cela ne veut pas dire que c'est de la faute de la victime. Il est vrai qu'il y a des gens qui se conduisent mal et qui font souffrir les autres, comme vous peut-être. Cependant, nous ne sommes pas responsable de la conduite d'autrui, seulement de la nôtre. Quand vous comprenez cela, vous prenez conscience que cette idée est finalement libératrice. Puisque nous avons la maîtrise des choix de notre propre vie, nous avons le pouvoir d'agir sur nos relations quand elles laissent à désirer.

Nichiren a enseigné que les souffrances naissent de ce que nous cherchons en dehors de nous-même la cause ou la solution de nos problèmes. Le fait que ce soit vous qui souffrez signifie que c'est à vous de résoudre le problème, et non à quelqu'un d'autre. Si vous attendez que les autres changent, vous risquez d'attendre très longtemps. Pourtant, les gens font d'extraordinaires efforts pour modifier la conduite d'autrui afin d'améliorer leurs relations. Mais c'est finalement aussi vain que de nettoyer un miroir pour essayer de nettoyer votre visage. Le miroir va seulement continuer à réfléchir la même image.

Par la pratique bouddhique, nous commençons à nous voir de façon plus précise, peut-être pour la première fois de notre vie, avec toutes nos forces et faiblesses. Jour après jour, nous en arrivons à comprendre toujours plus profondément que les relations que nous avons nouées reflètent notre propre état de vie. Alors, nous pouvons nous lancer dans un processus solide et à long terme pour développer notre sagesse et notre capacité d'être humain.

La clé de la transformation de nos relations réside dans le processus de notre propre transformation. Puisque la seule personne dont vous maîtrisez la conduite, c'est vous, faites tout votre possible pour vous servir de ce pouvoir. Travaillez-y à fond. Le bouddhisme enseigne que les attitudes ou les croyances erronées envers soi et envers autrui, qui conduisent au malheur et à la souffrance, peuvent être attribuées aux « trois poisons » : ce sont l'avidité, la colère et l'ignorance. La colère, en particulier, composée, à parts égales, d'arrogance et d'égocentrisme, détruit les relations. Le poison de la colère conduit inévitablement aux dissensions et aux conflits entre les gens, qu'il s'agisse d'individus, de groupes ou de nations. La guerre prend ses racines dans le poison de la colère.

Le bouddhisme qualifie de petit soi, ou petit ego, le moi « empoisonné », celui qui est arrogant, égotique et narcissique, et que nous avons tous en nous. L'objectif ultime de la pratique bouddhique est de manifester un grand soi, ou véritable soi. Comprendre le but des relations humaines et nous purifier des trois poisons vont de pair.

La relation parfaite : deux personnes ensemble qui se tiennent seules debout

Un enseignant bouddhiste enseignait un jour qu'il y avait trois étapes dans le développement du caractère de l'être humain : celle de la dépendance, celle de l'indépendance et celle de la collaboration. Malheureusement, la plupart des gens sont complètement ignorants de la troisième étape, l'état de vie coopératif (ou interdépendant). Pour eux, il n'y a que deux options : l'indépendance ou la dépendance.

L'indépendance, quand le soi se dresse seul, peut être un état heureux parce que nous avons le contrôle de notre vie, une condition nécessaire au bonheur. Cependant, le moi puissant et confiant peut aisément devenir arrogant et isolé. Mais l'arrogance et la vie à deux ne vont pas bien ensemble. Il est fort probable qu'une personne arrogante soit incapable d'entretenir une relation enrichissante. Ces relations-là se termineront plutôt en conflit et en dissension.

Pour la plupart des gens, l'alternative est dans les relations de dépendance (ou de co-dépendance). Les gens donnent du respect et de l'amour, mais ce n'est pas de façon libre. Il y a des conditions. C'est une approche des relations où l'on marchande : ***« Je t'aimerai tant que tu m'apporteras ce dont j'ai besoin. »***

La vie dans ce genre de relation ressemble à des montagnes russes émotionnelles, où des ascensions enivrantes alternent avec des abîmes de désespoir. C'est parce que votre bonheur est dépendant du comportement d'une autre personne - de la confirmation qu'elle vous donne - que vous êtes digne d'être aimé(e).

Le bonheur, quelle que soit la situation, ne peut être atteint sans un sentiment de contrôle de soi. Dépendre de quelqu'un d'autre pour confirmer que nous sommes digne d'être aimé(e) donne à cette personne le contrôle sur nos émotions et notre estime de soi. Nous renonçons alors à notre pouvoir.

L'expérience de Janet : le problème d'alcool de son mari

Janet avait lutté dans son couple pendant de nombreuses années. L'alcoolisme de son mari lui avait causé une immense souffrance, aussi bien sur le plan physique et émotionnel, que sur le plan spirituel. Elle avait tenté de le raisonner. Elle avait aussi tenté de s'améliorer elle-même, d'être une meilleure épouse. Elle se sentait incapable d'opérer le changement, même si elle faisait des efforts. Cela la conduisit à un profond doute sur elle-même et à une vision pessimiste de la vie. Elle avait abandonné l'espoir de voir son mari arrêter de boire et d'avoir un mariage heureux.

Janet avait pensé à quitter son mari, mais l'idée d'être seule l'effraya. À un certain niveau, son mari savait qu'elle ne le quitterait jamais parce qu'elle était, financièrement et émotionnellement, dépendante de lui. Ainsi restait-elle avec lui, année après année.

Puisque, après tout, l'alcoolisme de son mari était le problème, il ne lui était jamais venu à l'esprit qu'elle avait besoin de changer quelque chose de son côté. Après avoir cherché, très sincèrement, une solution, elle devint résignée et désespérée, et trop faible pour mobiliser assez de volonté pour surmonter son mal-être. Il n'était pas surprenant que les choses aillent encore plus mal.

Finalement, un ami fit connaître à Janet le bouddhisme de Nichiren. Elle commença à pratiquer sérieusement, en récitant chaque jour *Nam-myoho-renge-kyo*. Au cours des semaines suivantes, outre plusieurs bienfaits notables, elle parvint à une prise de conscience majeure : elle était en train d'essayer de changer la mauvaise personne. Elle était convaincue que tous ses efforts devaient tendre à obtenir de son mari qu'il change son comportement, et que, tant qu'il ne le ferait pas, ses souffrances continueraient.

Lorsqu'elle commença à approfondir ses connaissances sur la philosophie bouddhique, et à puiser dans sa propre sagesse de bouddha, il lui apparut qu'elle avait besoin de devenir heureuse par elle-même sans se soucier de savoir si son mari s'arrêterait un jour de boire. Elle s'éveilla au fait qu'elle s'était manqué de respect à elle-même en acceptant d'être malheureuse.

En développant un moi intérieur plus fort grâce à sa pratique bouddhique, le comportement de Janet à l'égard de son mari, qui avait été nourri de colère et de frustration, changea, et une préoccupation véritable pour son propre bonheur commença à jaillir de son cœur. En récitant pour leur bonheur à eux deux, la force et la détermination s'éveillèrent et se développèrent en elle. Elle en vint à comprendre que, dans leur couple, ils s'encourageaient mutuellement à être faibles et dépendants. Finalement, sa résolution se consolida et elle parla à son mari.

Cette fois, son approche fut différente. Elle n'était pas motivée par la peur ni la colère, et ne délivrait pas le message implicite qu'il fallait qu'il change pour son intérêt à elle. Elle lui dit : « *Je suis désolée que la boisson soit un problème pour toi, mais je ne vais plus m'en mêler. Je suis responsable de mon propre bonheur, et j'espère que la paix de mon esprit t'aidera aussi.* » À la suite de cette approche nouvelle et franche, la réponse de son mari fut surprenante : il la prit au sérieux. Finalement, il fut capable de l'entendre. Cette nuit-là, il s'arrêta de boire.

Bien plus, au-delà de son retour à la sobriété, un changement plus profond dans leur relation se produisit rapidement. Tous les deux relâchèrent l'emprise qu'ils exerçaient l'un sur l'autre et ils la remplacèrent par une nouvelle vie faite d'interdépendance et de collaboration. Ils commencèrent à faire l'expérience d'un niveau de bonheur qu'ils avaient cru, l'un et l'autre, pour toujours hors de portée. L'ouverture intérieure qu'elle avait opérée - sa force, sa sagesse et sa détermination toutes neuves, découvertes grâce à la pratique bouddhique - fut la clé d'une ouverture extérieure qui modifia leur vie.

Est-ce donc la faute de nos partenaires si nous sommes malheureux ? Dans un sens superficiel, c'est possible. Mais, fondamentalement, c'est nous qui décidons. Tout dépend si nous persistons à donner à notre partenaire le dernier mot concernant notre bonheur - que notre partenaire le veuille ou non - et si nous croyons que nous ne pouvons être heureux sans l'aide ou le changement de comportement de l'autre.

Et maintenant, demanderez-vous peut-être, que se serait-il passé si le mari de Janet ne s'était pas arrêté de boire ? Pour sa part, disait-elle, elle aurait été désolée, mais elle était prête à être heureuse, qu'il s'arrête ou non, même si cela avait signifié une séparation. Elle n'était plus disposée à dépendre de lui ni de son comportement pour être heureuse. Et elle comprit à quel point il était malheureux de leur situation, lui aussi. Cette femme avait abdiqué son propre pouvoir. Le comportement de son mari était devenu le facteur déterminant de leur relation. La forte résolution qu'elle avait prise de devenir complètement heureuse, envers et contre tout, les avait libérés de leur dépendance réciproque.

Dans toute relation, nous devons garder notre pouvoir, en développant une forte identité personnelle et la capacité à être heureux de l'intérieur. En nous dressant seul sur la base solide de notre propre bonheur, nous pouvons alors rechercher et entretenir des relations de coopération et de partage, des relations dans lesquelles nous donnons librement notre amour sans être dans l'attachement ou dans l'attente. Nous n'avons pas besoin de l'autre et nous ne sommes pas drogué à l'autre. Une relation entre deux personnes comme celles-ci fait naître un amour profond et durable.

Avant de chercher un partenaire de type coopératif, nous devons d'abord nous efforcer de développer cette capacité en nous-même. C'est alors seulement qu'il sera possible de faire ressortir et d'entretenir la même qualité chez les autres. *« Le bonheur n'est pas une chose que quelqu'un d'autre, un petit ami ou une petite amie, peut nous procurer »*, a écrit Daisaku Ikeda dans son livre *Dialogues avec la jeunesse* : *« Nous devons obtenir ce bonheur pour nous-même. Et le seul moyen d'y arriver est de développer notre personnalité et notre capacité d'être humain, en prenant pleinement conscience de notre potentiel. Si nous sacrifions notre croissance et notre talent au profit de l'amour, nous ne trouverons absolument pas le bonheur. »*

Trouver la bonne relation : entretenir son jardin

Arrivé à ce point de notre exposé, vous pourriez dire : *« Mon problème n'est pas de savoir comment préserver une relation brisée ; mon problème, c'est que je n'ai pas de relation du tout. Si j'en avais une, je pourrais travailler dessus. »* C'est une plainte habituelle.

Mais, en réalité, nous avons tous un tas de relations, et nous ne savons pas vraiment comment elles sont susceptibles de se développer. On raconte souvent comment des gens ont vu une amitié proche se transformer, de façon inattendue, en idylle, ou bien une relation de travail se développer en quelque chose de plus profond. Vous ne pouvez jamais être sûr du lieu, de la manière, ni du moment où l'« amour de votre vie » peut éclore.

Connaître le succès dans nos relations n'est pas, ainsi que le voudrait la culture pop, comme si l'on achetait des vêtements : en essayant toutes les tenues disponibles (c'est-à-dire les partenaires possibles) jusqu'à ce que nous trouvions la bonne, en ramenant celles qui ne vont pas ou en s'en débarrassant lorsqu'elles sont passées de mode. Le processus ressemble davantage à l'emménagement dans une nouvelle maison quand nous découvrons, à l'arrière, un jardin qui n'a pas été entretenu depuis longtemps. Nous cultivons alors avec soin les multiples plantes inconnues que nous trouvons là, en attendant patiemment de voir quelles fleurs et quels fruits elles vont donner, le moment venu. Sans être sûrs de la forme ni de l'époque de leur floraison, nous les cultivons toutes, prenant plaisir au processus de la découverte quand nous voyons chacune d'elles fleurir d'une manière superbe. Le but, c'est précisément de devenir un maître jardinier dans nos relations.

Comme pour l'entretien d'un jardin, on peut éprouver beaucoup de plaisir et de satisfaction dans cet autre processus. Attendre de nos relations qu'elles donnent du fruit immédiatement est peu réaliste et, finalement, contre-productif si l'on veut établir un lien à long terme. Les relations sont comme de jeunes pousses - cultivez-les toutes et prenez plaisir à les voir grandir, fleurir et porter du fruit. Trop souvent, nous nous débarrassons de relations à l'état de « boutons » avant de voir leurs possibilités d'épanouissement. Je ne veux pas dire par là que nous ne pouvons pas continuellement ajouter de nouvelles plantes à notre jardin. Nous aurons toujours de nouvelles relations merveilleuses à cultiver, et cela de façon illimitée. Mais, plutôt que de chercher continuellement la « bonne » relation, il est plus important de cultiver celles que vous avez déjà.

Quelque part dans le jardin de votre vie, des fleurs extraordinaires attendent de s'épanouir.

Quand nous nous engageons dans des relations sentimentales parce que nous sommes amoureux de l'autre personne, il est important de considérer l'ensemble de nos relations comme un terrain fertile pour la croissance, le développement, la maturation et le renforcement de notre propre personnalité.

C'est le processus d'autoréalisation, que nous connaissons dans une bonne relation, qui nous rend heureux, et non la relation elle-même. Cette forme de croissance et de développement émotionnel est qualifiée de révolution humaine. C'est par ce moyen que la pratique du bouddhisme favorise une transformation intérieure. Les caractères chinois qui désignent ce concept dépeignent une transformation qui se produit dans un espace situé entre plusieurs personnes. La transformation est le résultat de l'interaction avec les autres, dans l'intention de favoriser la croissance mutuelle. Notre croissance est un processus d'interdépendance.

Dans l'histoire qui a été racontée ci-dessus, c'est la transformation intérieure de la femme qui avait conduit à un résultat positif. Elle aurait pu simplement décider de quitter son mari, mais, en faisant cela, elle aurait manqué l'occasion de croissance personnelle qui la conduisit à un plus grand bonheur et à un sentiment de réalisation. Si elle avait esquivé cette occasion de croissance, elle aurait provoqué exactement les mêmes illusions et les mêmes faiblesses dans ses relations ultérieures, revivant de nouveau sa souffrance, encore et encore.

L'illusion de chercher à l'extérieur de soi

L'enfer dans les relations vient de ce qu'on essaie de changer le comportement de l'autre au lieu du nôtre. Quand nous exerçons la maîtrise sur nous-même, et que nous commençons à être heureux au tréfonds de notre être, nous avons la capacité de toucher le cœur des autres. C'est seulement quand nous cessons d'essayer de contrôler les autres que nous acquérons le pouvoir de les influencer réellement. Par exemple, est-ce que vous vous êtes jamais entendu dire : « *Vous me mettez en colère. Arrêtez de faire ça* » à des gens dont la conduite vous dérangeait ou vous frustrait ? Ce que cette déclaration (« *Vous me mettez en colère* ») implique, c'est que, d'une façon ou d'une autre, vous ne contrôlez pas votre colère. Eux si. Et comme vous leur avez cédé le contrôle et le pouvoir, c'est leur comportement, pensez-vous, qui devrait changer si vous voulez éliminer votre colère. Mais, bien sûr, vous ne contrôlez pas leur comportement et, plus vous essayez de le faire, plus votre colère monte.

Ce n'est pas que toute colère soit mauvaise. Il y a, bien sûr, de véritables situations d'injustice dans lesquelles la colère est appropriée. Cependant, même dans de tels cas, la maîtrise de soi est la clé pour influencer le changement. Le bouddhisme nous enseigne que, en réponse à n'importe quelle situation, selon les choix que nous faisons, nous nous trouvons dans l'un des dix états : enfer, avidité, animalité, colère, tranquillité, bonheur temporaire, étude, éveil pour soi, bodhisattva, ou boddhéité. Reconnaître que nous faisons des choix et que nous prenons la responsabilité de ces choix, nous donne le pouvoir de choisir notre état de vie. Cela nous rend notre contrôle sur nous-même.

L'expérience de Timothy : « J'ai raison, mais c'est moi qui perds »

Le dilemme d'un jeune homme, pratiquant le bouddhisme à Seattle, fournit un bon exemple. Timothy était une personne brillante, de belle allure, et il avait beaucoup de succès, mais ses relations avec son épouse lui causaient beaucoup de souffrance. Sa femme était convaincue, sur la base de preuves indirectes, qu'il la trompait. Il savait qu'il était innocent. Elle restait cependant convaincue, et les démentis résolus de celui-ci ne faisaient que la convaincre davantage. Bien qu'il fût intelligent et perspicace, il n'arrivait pas à comprendre la cause première de ses problèmes à la maison. En conséquence de quoi son mariage et sa famille, qui représentaient tout pour lui, étaient en train de se désintégrer. Il était continuellement en colère.

Sur les encouragements de ses amis et relations, il exprima sa colère. Il ne la garda pas pour lui. Mais les choses empirèrent. Alors, suivant l'avis d'autres personnes, il chercha à retenir sa colère et à éviter de l'exprimer. Cela ne l'aida pas davantage. Il semblait destiné à perdre les personnes les plus importantes de sa vie en raison de « différences irréconciliables ». Timothy était confronté à la perspective du divorce et de la séparation d'avec ses enfants. Le point capital, pour lui, c'était qu'il avait « raison ». Pour lui, la base du litige était que sa femme avait une perception erronée des faits. Elle avait tout simplement « tort ». Pourtant, il souffrait, et elle aussi. Il semblait avoir perdu toute capacité de changer sa vie (ou, plus précisément, sa femme). Comme dans notre première histoire, il essayait de changer la mauvaise personne, même si, à première vue, un changement chez sa femme aurait été la solution la plus simple. Sa frustration venait du fait qu'il était impuissant (comme nous le sommes tous) à contraindre une autre personne à changer. Que faire ?

Timothy avait cru profondément que c'était l'attitude de sa femme qui le mettait en colère. En ce sens, il avait été aveuglé par son « bon droit ». En pensant que le fait d'avoir raison était une justification à sa colère, il continuait à affronter sa femme. Heureusement, il continuait à rechercher une compréhension plus profonde de sa situation à travers la pratique bouddhique, l'étude et la demande de conseils. Il commença à comprendre qu'il « cherchait à l'extérieur de lui-même ».

Tandis qu'il continuait à réciter *Nam-myoho-renge-kyo*, Timothy comprit, finalement, qu'il devait chercher une solution en lui-même, dans son propre comportement, le seul domaine qui était réellement sous son contrôle. En faisant cela, il vit qu'il portait, en effet, une responsabilité dans la détérioration de la situation. Même si sa femme avait tort, il aggravait l'erreur en y ajoutant le poison de la colère. C'est ainsi que des malentendus relativement simples dégénéraient rapidement en de violents orages, alimentés principalement par ses propres réactions. En d'autres termes, il avait, à la fois, raison et tort. Il comprit que les plaintes de sa femme provenaient, chez elle, d'un manque de confiance et d'estime de soi sous-jacent, exacerbé par ses brusques explosions de colère à lui.

En admettant sa complicité dans le conflit, Timothy concentra sa pratique bouddhique sur sa propre responsabilité au lieu d'attendre que sa femme change la première. À ce moment-là, ses problèmes s'étaient propagés jusqu'à son lieu de travail et à ses amitiés. Il estimait, la plupart du temps, avoir raison face à des faits précis, mais cela ne l'empêchait pas, en même temps, d'être en colère et de plus en plus isolé. Il n'était pas question de dire qu'il avait tort quand il savait qu'il avait raison, ce qui, de toutes manières, serait allé à l'encontre de sa propre nature. Il s'agissait plutôt, pour lui, d'apprendre à défendre son point de vue d'une manière judicieuse.

Tandis qu'il développait une sagesse et une maîtrise de lui-même plus grandes, en pratiquant pour répondre aux erreurs des autres avec compassion, il se sentit responsable de son propre état émotionnel. Il commença à reconnaître la stupidité qu'il y avait à croire que quelqu'un pouvait le mettre en colère s'il avait choisi de ne pas s'y mettre. En conséquence, la relation avec sa femme, qui était pratiquement détruite, commença, une fois de plus, à fleurir et, finalement, à s'épanouir en une union belle et harmonieuse. Même si les soupçons de sa femme ne cessèrent pas immédiatement, ils n'avaient plus le pouvoir de bouleverser son état émotionnel. En l'absence de sa colère, qui les avaient alimentés, les soupçons de sa femme diminuèrent jusqu'à devenir insignifiants et finirent par disparaître complètement.

Nous comparer aux autres est une autre variation de l'illusion de chercher à l'extérieur de soi. Il y a un vieil adage qui dit : *« Vous ne pouvez pas parler d'un livre en regardant seulement la couverture. »* Vous ne pouvez pas dire grand-chose sur la vie d'une personne - si elle va mieux ou plus mal, si elle est heureuse ou non - en regardant les apparences. La seule comparaison significative que l'on puisse faire est celle entre notre vie aujourd'hui, hier, le mois dernier ou l'année dernière. Par exemple, les analystes de Wall Street, généralement, ne comparent pas IBM avec la General Motors, ou Amazon avec AT&T.[1]

1. AT&T (initiales du vieux nom historique de la société : American Telephone and Telegraph) est le plus grand fournisseur de services téléphoniques locaux et à longue distance, de services sans fil et ADSL aux États-Unis.

Ils comparent les bénéfices trimestriels de chaque société à ceux du trimestre précédent, et à la même période de l'année d'avant, évaluant ainsi la croissance de la société par rapport à ses performances passées. De même, quand les choses vont mieux qu'elles n'allaient auparavant dans votre vie, vous menez alors la meilleure vie qui soit, une vie qui s'améliore et se développe.

Comme nous l'avons dit plus haut dans ce livre, vous ne pouvez pas dire grand-chose sur votre propre vie en regardant celles des autres. C'est pourquoi l'évolution personnelle est si importante. La vie change constamment. C'est la nature du cosmos de changer. Par conséquent, même si nous pouvions créer les conditions d'un bonheur complet, nous pourrions seulement nous attendre à les voir changer. La capacité de grandir avec ces changements est le vrai bonheur.

Finalement, nous créons le véritable bonheur en développant notre vie pleinement. Essayer d'être quelqu'un d'autre, ou essayer d'être ce que vous pensez que quelqu'un d'autre veut que vous soyez, est un moyen sûr de souffrir. Soyez ce que vous êtes et soyez-le bien. Soyez là où vous êtes et soyez-le bien. Si vous progressez et avancez continuellement, vous menez la vie la plus formidable du monde parce que vous savez que demain sera toujours meilleur qu'aujourd'hui.

Le côté négatif des attentes

Il est important d'avoir des attentes. La recherche indique que les enfants ne se développent qu'en fonction des attentes des adultes. Mais les attentes peuvent aussi détruire d'excellentes relations. Nous sommes tous dans l'attente vis-à-vis des autres. Nous attendons d'eux qu'ils soient de bons maris, de bonnes épouses, de bons enfants, de bons amis, de bons patrons, et ainsi de suite. Ces attentes sont souvent hautement irréalistes, parfois beaucoup plus que ce que nous attendons de nous-mêmes.

Imaginons une relation sentimentale dans laquelle la passion initiale s'est éteinte. La lune de miel est terminée. Maintenant, chacun des jeunes mariés découvre que son partenaire n'est pas parfait, que lui, ou elle, ne satisfait l'autre qu'à, disons, 80 %.

Les conjoints ont des défauts et des imperfections, comme nous tous, raisonnent-ils. Parce qu'ils tiennent l'un à l'autre et qu'ils ont le souci de leur bonheur commun, chacun d'entre eux veut et attend, pour se perfectionner lui-même, que l'autre fasse mieux. Chacun attend que l'autre comble l'écart et devienne le conjoint idéal.

Motivés par leur amour, ils commencent à se parler, de la manière la plus affectueuse et aimante possible, des 20 % manquants. Chacun d'entre eux croit que l'amour qui existe entre eux va inciter l'autre à faire de grands efforts pour réduire l'écart. Parce que l'amour les motive, et qu'ils n'ont que d'excellentes intentions, ils sont surpris de constater que, après une première période de réponse positive, les choses s'aggravent progressivement. Pourquoi ? Où est passé l'amour ?

Est-ce que ce scénario a l'air familier ? Connaissez-vous des couples, au début très amoureux, mais qui finissent, quelques années plus tard, par un divorce plein de rancunes ? Comment cela arrive-t-il ? Même si chaque situation est unique, il y a, au moins, une illusion commune mais subtile qui est ici à l'œuvre, une illusion qui est un défi pour nous tous dans nos relations avec nos proches, enfants, famille, amis. Le problème, c'est que, bien que nous soyons motivé par les meilleures intentions du monde, l'autre personne nous entend souvent exprimer un flot régulier de critiques et de marques d'insatisfaction. Cela n'est pas encourageant et, malgré l'amour qui est dans nos cœurs, l'autre personne devient sourde à nos remarques, et finit même par se révolter. Le problème ici c'est que, bien que nos sentiments soient sincères, nous manquons de sagesse. Motivés par l'amour, mais dénués de sagesse, la réponse à nos efforts est le contraire de celle que nous attendions. Une fois engagé sur cette pente descendante, il est, malheureusement, souvent difficile d'inverser la tendance.

Les gens ne réagissent pas bien à des critiques constantes et à la négativité. Est-ce que cela signifie qu'il nous suffirait de revoir nos exigences à la baisse ? Non, cela signifie, une fois de plus, que nous essayons de changer la mauvaise personne. Si nous voulons que les gens en fassent plus, nous devons vanter leurs qualités et leur marquer de la reconnaissance pour ce qu'ils font déjà pour nous. En d'autres termes, ce sont les 80 % qui devraient être au centre de notre attention, et non les 20 % qui manquent ! Les gens aiment être loués et appréciés, et ils feront de grands efforts pour l'être. Faire de ces deux principes la base de toutes vos relations peut avoir une influence puissante et encourageante. Pour le « jardinier des relations », elles sont comme la lumière du soleil et l'eau. Les gens feront tout leur possible pour réussir si l'on vante leurs qualités et qu'on les apprécie.

Les critiques et les marques d'insatisfaction créent un environnement sombre, un jardin où les bonnes relations ne peuvent pas prospérer. C'est une illusion majeure de croire que les autres pourraient être encouragés par les critiques. Nichiren a écrit : *« Celui dont on vante les qualités n'hésite pas à prendre tous les risques mais, quand il est critiqué, il peut courir inconsidérément à sa propre perte. Telle est la voie des simples mortels. »*[2]

Travail et carrière

Le travail et les relations que nous y nouons représentent une importante arène pour le combat vers l'illumination. En un sens, les événements de notre vie, dans notre métier, constituent le banc d'essai de notre pratique. La carrière que nous choisissons a peu de rapport avec notre bonheur. Ce n'est pas ce que nous faisons pour gagner notre vie, mais comment nous le faisons, si nous nous sentons utile et que nous trouvons un sens à notre travail, qui fait la différence. Par conséquent, même s'il est important de pratiquer beaucoup avant d'adopter une voie professionnelle en accord avec nos aspirations, se tourmenter à propos du choix d'une carrière est, dans une certaine mesure, parfaitement inutile pour créer une vie heureuse.

Il ne s'agit pas pour nous de nier le fait qu'il y ait beaucoup de gens malheureux sur les lieux de travail. Il y en a. Mais ce n'est pas la faute du travail. Ce sont leurs attitudes et leurs croyances au sujet du travail qui empêchent les gens d'être heureux et satisfaits.

---

2. Nichiren, « La véritable entité de la vie », lettre à Sairen-bo, 1273.

Tsunesaburo Makiguchi, le premier président de la Soka Gakkai, l'organisation laïque des bouddhistes disciples de Nichiren au Japon, enseignait qu'il y avait trois sortes de valeurs : la beauté, le gain et la bonté. Le métier parfait devrait réunir les trois qualités. Dans le monde du travail, la beauté veut dire trouver un emploi que vous aimez ; la valeur de profit, ou bénéfice, est un emploi qui vous rapporte un salaire pour gagner votre vie quotidienne ; la bonté correspond à un emploi qui aide les autres et contribue à la vie de la société. Cela paraît magnifique, mais correspond rarement à la réalité. Il y a peu de gens qui peuvent trouver le métier parfait dès le début. Certains ont un travail qu'ils aiment, mais qui ne nourrit pas son homme, ou alors ils ont un travail bien payé, mais qu'ils détestent. C'est ainsi que cela se passe parfois. En plus, certains découvrent justement qu'ils ne sont pas faits pour le métier dont ils avaient rêvé et auquel ils aspiraient.

La chose la plus importante pour éprouver de la satisfaction au travail est de devenir indispensable partout où vous êtes. Le meilleur moyen de trouver le meilleur métier est de devenir le meilleur employé. De bonnes circonstances ne font pas de bonnes personnes, mais de bonnes personnes créent une bonne atmosphère sur le lieu de travail. En apprenant à être un individu exemplaire au travail, des occasions vont se présenter d'elles-mêmes, ouvrant une nouvelle piste vers une nouvelle période de votre vie, durant laquelle vous devrez encore continuer à faire de votre mieux. De tels efforts continus sont une garantie pour vous de décrocher les emplois qui vous plaisent, qui vous aideront à gagner votre vie et qui vous permettront de contribuer à l'activité de la société. Alors, quand vous regarderez plus tard en arrière, vous verrez comment tous vos efforts passés sont devenus de précieux atouts dans votre domaine de prédilection. Vous vous rendrez compte que vos efforts et vos difficultés n'ont pas été inutiles.

Dans l'immobilier, on dit que les trois choses les plus importantes sont l'emplacement, l'emplacement, et l'emplacement. Pour trouver le bonheur au travail, les trois choses les plus importantes sont l'attitude, l'attitude, et encore l'attitude. Au premier principe important pour réussir au travail – devenir indispensable – nous voudrions, en effet, en ajouter un second : créer l'harmonie au travail.

Quand vous travaillez dans une entreprise, qui est comme une société ou une communauté en elle-même, il est important de créer des relations harmonieuses avec tous vos collègues, y compris vos supérieurs et ceux qui travaillent sous vos ordres, en usant tout le temps de sagesse et de discrétion. Si vous suscitez l'antipathie de vos collègues de travail par votre attitude égoïste, vous serez un perdant au travail et en société. La sagesse, qui inclut le tact, est vitale pour réussir dans son travail.

L'expérience de Brandon : le karma de manque d'argent

Il y a quelques années, Brandon, une jeune homme de trente ans, a demandé conseil à un ami bouddhiste pour changer ce qu'il appelait un « karma de manque d'argent ». Il était désespéré. Il avait quitté son travail peu de temps auparavant et il était sur le point de perdre son logement. Sa femme pensait le quitter avec les enfants à cause de son irresponsabilité financière. Il savait parfaitement qu'il avait immédiatement besoin d'un travail, d'un emploi capable de lui rapporter beaucoup d'argent. Il voulait savoir comment il devait pratiquer pour atteindre son but.

On prévint Brandon que réciter *Nam-myoho-renge-kyo* n'était pas une formule magique comme « abracadabra » (bien que, parfois, cela puisse y ressembler). Ce serait un bouddhisme de conte de fées. En entendant cela, Brandon fut surpris et un peu découragé. On lui demanda de parler de son expérience professionnelle et comment il était parvenu à une telle situation. Il admit qu'il ne pouvait garder longtemps un emploi. Il avait eu huit emplois en moins de dix ans. *« Pourquoi ai-je un si mauvais karma dans le travail ?* se demandait-il. *Les boulots que j'obtiens paraissent convenir à première vue, mais, pour une raison ou une autre, ils ne marchent jamais. Comment puis-je pratiquer pour obtenir un travail meilleur et durable ? »*

Chaque fois qu'il avait été licencié ou qu'il avait quitté un poste, c'était à cause d'un patron. Il ne s'entendait tout simplement pas avec eux. Est-ce que Brandon voyait un modèle répétitif dans ces événements ? « *Oh ! oui,* disait-il. *Ce que je veux vraiment savoir, c'est pourquoi j'ai un tel karma avec les mauvais patrons. Tous les patrons que j'ai eus ont été des personnes autoritaires, avec lesquelles il était impossible de travailler. Comment puis-je pratiquer pour avoir un meilleur patron ?* »

Brandon était un informaticien programmeur hautement diplômé, avec d'excellentes qualifications. Son ami bouddhiste lui parla du rôle du petit ego, qui détruit souvent l'harmonie dans les relations humaines, lui expliquant que l'une des plus importantes qualités d'un bon employé était la capacité à travailler avec les autres et à accepter les instructions de ses supérieurs (qui, directement ou indirectement, décident des salaires). Son ami souligna que le modèle répétitif des échecs au travail, des mauvais patrons et de l'instabilité financière étaient autant de symptômes d'une incapacité à dépasser ses divergences afin de pouvoir travailler avec les autres. Bien que ce fût là un conseil sévère, Brandon put reconnaître sa propre nature arrogante et coléreuse, et il admit que cela avait été un problème depuis son enfance.

Il dit alors : « *J'avais pensé créer ma propre entreprise. Alors je n'aurais plus à travailler pour qui que ce soit. Comment puis-je orienter ma pratique pour y arriver ?* » On l'avertit alors qu'avoir sa propre entreprise exige encore plus de qualifications en communication humaine. Que ce soit dans sa propre affaire ou en travaillant pour quelqu'un d'autre, il avait besoin de dépasser son égocentrisme, d'apprendre à respecter les autres et à vaincre son arrogance. S'il faisait cela, il pourrait transformer sa situation professionnelle et résoudre ses problèmes domestiques, puisqu'ils avaient la même origine.

Son ami bouddhiste le prévint aussi qu'il rencontrerait sûrement une autre situation professionnelle dans laquelle il estimerait que cela ne marchait pas et qu'il voudrait quitter, ou qu'il aurait à affronter la direction (son attitude habituelle). Quand cela arriverait, on lui dit de ne rien faire, d'attendre et de pratiquer.

Effectivement, trois mois plus tard, Brandon était prêt à quitter un autre emploi. On lui conseilla de retarder sa décision de deux semaines et, en attendant, de s'appliquer à sa pratique bouddhique avec la détermination de maîtriser son arrogance, en témoignant du respect à son patron et en l'écoutant. On encouragea Brandon à faire des efforts pour devenir indispensable. Il suivit le conseil et, à sa grande surprise, au lieu d'être renvoyé, il reçut une promotion.

À cause de sa stabilité professionnelle toute nouvelle, sa situation financière commença à s'améliorer. Lui et sa femme se réconcilièrent, et ils achetèrent finalement un nouveau logement. Tout cela n'arriva pas « miraculeusement » en une nuit. C'était le résultat d'un puissant, mais subtil, changement intérieur, provoqué par la pratique bouddhique, qui se manifesta progressivement dans l'environnement de Brandon. Telle est la puissance de la révolution humaine.

Les relations nous aident à nous développer

Toutes nos relations ont un fondement commun : nous-mêmes ! La condition intérieure de notre vie affecte nos relations. C'est pourquoi ce que nous apprenons au cours de n'importe quelle relation peut s'appliquer aux autres. De même que les trois poisons - l'avidité, la colère et l'ignorance - se manifestent dans toutes nos relations, ces dernières sont améliorées lorsque nous purifions nos vies par la pratique bouddhique. Ce qui entre en jeu dans un domaine apparaît aussi dans les autres.

Les individus qui se lancent le défi de développer des familles heureuses et harmonieuses verront les bénéfices de leurs efforts apparaître simultanément sous la forme de progrès au travail. De même, ceux qui apprennent à dépasser le petit ego égoïste au travail engrangeront de riches récompenses à la maison. La pratique bouddhique concerne le développement du caractère. Et les relations sont le terrain d'entraînement pour apprendre comment faire.

CHAPITRE VI

Le rapport à la mort

Alors qu'aux époques précédentes, on discutait franchement de la mort, mais que l'on s'exprimait de façon réservée sur le sexe, à notre époque, on parle beaucoup, et jusqu'à l'ennui, de sexe mais on se refuse à considérer la mort comme faisant partie de la vie

George F. Will[1]

Je n'ai pas peur de mourir, c'est simplement que je ne veux pas être là quand ça arrivera

Woody Allen[2]

Quand nous abordons la conception bouddhique de la mort, nous avons tendance à penser immédiatement à la réincarnation ; naître dans la peau de quelqu'un d'autre (plus riche et plus beau, espérons-nous), ou peut-être revenir en tant qu'animal, ou même en tant qu'insecte, selon que nous aurons été vertueux ou vil dans notre vie. C'est là une vision popu-

1. Journaliste américain, né en 1941. Titulaire du prix Pulitzer (1977). Il est l'auteur d'un ouvrage sur la recherche du bonheur (1978).
2. Célèbre écrivain, humoriste, acteur et réalisateur de cinéma new-yorkais. Né en 1935.

laire, mais c'est à peu près une version en dessin animé de la pensée bouddhique. Les disciples de Nichiren - plus de 12 millions de personnes dans le monde - discutent rarement, pour ne pas dire jamais, de leurs vies passées.

Le bouddhisme est raison, et la pratique du bouddhisme n'exige aucun excès dans la foi. Logiquement, personne ne peut savoir ce qui arrive après la mort, parce que personne n'est jamais revenu pour nous en parler. Aussi, le sujet de la réincarnation appartient au domaine mystique : quelque chose qui, à ce point du développement de la connaissance humaine et de la science, ne peut être complètement compris ni expliqué. Il est donc important de souligner qu'il n'est pas nécessaire de croire en la réincarnation pour commencer à pratiquer le bouddhisme.

Alors que les détails spécifiques de la renaissance, quand et sous quelle forme, sont finalement impossibles à connaître, le bouddhisme décrit dans ce livre insiste sur l'importance d'avoir une vue d'ensemble, de découvrir l'éternité de la vie en nous. Dans ce bouddhisme, le défi que représente la question de la mort est de trouver le mode de vie qui soit le plus porteur de valeur.

A partir du moment où nous devons tous mourir tôt ou tard, à quoi cela sert-il de vivre ? Si nous avons déjà vécu plusieurs vies, pourquoi ne sommes-nous pas capables de nous en souvenir ? Si la vie est éternelle, sous quelle forme continuerons-nous à vivre après la mort ? Les réponses du bouddhisme à ces questions importantes nous permettent au moins de nous libérer de la peur de la mort et, peut-être même, de la regarder avec confiance.

Le bouddhisme a commencé par poser la question de la souffrance humaine. Cependant, le bouddhisme ne parle pas de souffrances pour obscurcir nos cœurs, mais pour nous éclairer. Les sujets primordiaux que le Bouddha Shakyamuni a pris en considération étaient les quatre souffrances universelles, celles de la naissance (c'est-à-dire de la vie quotidienne), de la vieillesse, de la maladie et de la mort. Aucun être humain n'échappe à ces sources d'affliction, et on peut dire que les trois dernières souffrances sont essentiellement liées à la souffrance finale de la mort.

Comme Daisaku Ikeda l'a écrit : *« L'homme seul est conscient de sa mort longtemps avant qu'elle n'arrive. Lui seul a le privilège de vivre avec cette conscience-là. Tous les autres êtres sont également mortels, mais ils n'ont qu'une conscience très brève de la mort, lorsqu'elle survient. De ce point de vue, l'homme dispose donc d'une prérogative particulière qui est la connaissance de sa propre mort. Pour cette raison, celle-ci peut le paralyser de peur et le tourmenter. »*

Aucun être vivant ne peut échapper à la mort. La mort peut projeter une ombre lugubre sur le cœur humain, nous rappelant souvent la nature finie de l'existence. Aussi illimitées que puissent paraître notre richesse et notre réputation, et même si nos amours et nos relations sont stables, la réalité finale de notre mort peut miner notre sentiment de bien-être. Pour beaucoup d'entre nous, la peur de la mort est profondément ancrée. Elle peut affaiblir le fondement de nos vies, nous causant anxiété, souffrance et tourment. En même temps, si nos vies ont une base précaire, de multiples problèmes spirituels et émotionnels peuvent se manifester. C'est un cercle vicieux, dans l'esprit et dans le cœur, causé par l'appréhension de la mort. Nichiren avait compris que notre peur de la mort affecte profondément notre santé et notre bonheur : *« Nous devrions d'abord,* disait-il, *étudier la question de la mort, et ensuite tous les autres sujets. »*[3]

On sait que la quête de l'illumination par Shakyamuni fut motivée par le désir de trouver une solution aux quatre souffrances fondamentales et, plus spécifiquement, par le désir de surmonter la peur de la mort. Et c'est le problème de la mort - comment lui faire face et comment le dépasser - qui a inspiré la création de plusieurs autres systèmes philosophiques et religieux.

La confrontation avec la mort est décrite comme la « mère de la philosophie ». L'existentialiste allemand Martin Heidegger a appelé l'existence humaine elle-même un « être vers la mort », puisque l'homme porte en lui, dès l'enfance, la connaissance de sa fin prochaine. D'où le dicton bouddhiste : *« La cause de la mort n'est pas la maladie, mais la naissance. »* Il pourrait nous sembler préférable de ne pas penser à la mort, sauf, peut-être, aux tous

---

3. « Réponse à Myoho Ama », Lettre de Nichiren.

derniers instants de notre vie. Cependant, en raison des avancées de la science médicale, la période pendant laquelle les personnes se trouvent face à face avec la mort s'est aujourd'hui considérablement allongée. L'agonie et l'incertitude se prolongent pendant des mois, voire des années. Cette situation a apporté avec elle, dans la société, une réévaluation correspondante de la mort en termes médicaux et éthiques, avec des conséquences sociales qui vont de la médecine palliative au débat sur l'euthanasie volontaire. Cependant, en dépit de toutes nos avancées médicales, nous ne pouvons toujours pas nous mettre d'accord sur le moment où la vie commence, ni sur celui où elle se termine.

On peut faire remonter une bonne part de l'incertitude et de l'instabilité que nous observons dans la société contemporaine à un manque de compréhension de la mort. La perception du caractère fini de nos vies - la conviction que la mort physique signifie la fin de notre existence - fait naître une sorte d'urgence désespérée dans la vie. La pensée que « vous ne vivez qu'une seule fois » vous pousse à vous gaver d'autant de plaisirs et de sensations possibles dans le temps limité disponible. Comme dit le proverbe : *« Mangeons et buvons, car demain nous mourrons. »*[4] Dans notre société actuelle où l'on manque de temps, on imagine n'importe quel gadget ou service possible pour gagner de précieuses secondes et profiter d'un peu plus de moments de « loisir », remplis de distractions. Une addiction sévère au travail dans la journée mène souvent à un hédonisme débridé après le travail. Il n'est donc pas surprenant que la recherche du plaisir ait pris un caractère frénétique, et que l'énergie consacrée à acquérir des biens matériels soit devenue une vraie obsession. Trop souvent, la vie est subordonnée au carriérisme et à la recherche du succès. Cependant, au moment de la mort, il y a peu de gens qui portent un regard rétrospectif sur leurs vies en disant : *« J'aurais dû passer plus de temps au bureau. »*

Du point de vue d'une société solidement ancrée dans le matérialisme, la mort est la négation finale de tous nos attributs matériels. C'est pourquoi nous la craignons énormément, tout

4. Cette phrase, tirée du Nouveau Testament (Paul, 1 Corinthiens 15, verset 32), est passée dans la sagesse populaire.

comme nous craignons la perte de nos biens pendant notre vie. En conséquence, nous nous évadons dans le matérialisme, en ne faisant aucune tentative pour examiner la vie intérieure de l'esprit ou la nature de la mort, nous contentant de vivre notre vie dans l'instant. Qu'est-ce que la mort ? Que devenons nous après notre mort ? Ne pas chercher à répondre à ces questions, c'est comme passer nos années d'étudiant sans jamais nous occuper de ce que nous ferons après nos diplômes. Si nous n'arrivons pas à accepter la mort, nous ne pouvons avoir une forte direction dans la vie. Affronter cette question apporte une réelle stabilité et met de la profondeur dans notre vie.

Y a-t-il une conception de la mort et de ce qu'il y a au-delà qui contienne une dimension spirituelle, mais ne contredise pas les lois scientifiques connues de l'univers ? Oui, il y en a bien une. Le bouddhisme met en avant une conception de la mort naturaliste, par opposition à une conception purement surnaturelle. Nous allons expliquer ce que nous voulons dire par là.

La conception bouddhique de la vie et de la mort

Pour de nombreuses personnes, la mort signifie l'absence pure et simple de vie. D'après cette conception, la vie est perçue comme étant tout ce qui est bon, tout ce qui incarne la plénitude et la lumière. La mort est perçue comme étant tout ce qui est mauvais, tout ce qui renvoie au vide et à l'obscurité. La perception négative de la mort a influencé l'existence humaine depuis l'aube de l'histoire. Mais cette notion est une conception simpliste, enfantine, de la réalité de la mort, surtout si l'on examine la mort en fonction des cycles de création et d'extinction qui gouvernent le monde de la nature, et même l'univers lui-même.

Comme nous l'avons vu, le bouddhisme enseigne de façon très précise la relation intime et inséparable entre le microcosme et le macrocosme de l'univers. Tous les phénomènes de l'univers sont contenus dans un seul instant de vie, dans les profondeurs de nos vies, et chaque instant de vie vibre au rythme de tous les phénomènes de l'univers. Ce n'est pas là une forme de discernement limitée aux disciples de Nichiren ou d'une autre école philosophique. À cet égard, les mots du poète William Blake[5] ont une résonance bouddhique :

Voir un monde dans un grain de sable
Et un paradis dans une fleur sauvage,
Tenir l'infini dans la paume de votre main,
Et l'éternité dans l'espace d'une heure.

Avoir de telles perceptions, c'est vraiment vivre dans l'instant, par opposition à vivre pour l'instant. C'est la différence entre ce qui est matériel et ce qui est éternel. Le bouddhisme considère nos vies dans le contexte du macrocosme - la vie de l'univers - qui a existé de toute éternité ou, du moins, depuis un passé lointain qui défie l'imagination. De même, nos vies, qui font un avec l'univers, ont toujours existé sous une forme ou une autre, en suivant un cycle sans fin de naissance et mort, déclin et renouveau, qui est soumis aux lois physiques de cet univers. Selon l'enseignement du Bouddha, la vie, comme l'énergie, ne peut être ni créée ni détruite, et ce qui semble être la mort est simplement le processus de déclin et de renouveau qui gouverne toutes choses.

Ainsi, la philosophie bouddhique devance de près de 3 000 ans les lois de la conservation de l'énergie et de la matière, qui énoncent que ni l'énergie ni la matière ne se perdent jamais, mais qu'elles sont seulement transformées sous des formes différentes. Par exemple, l'énergie électrique qui passe dans une ampoule est transformée en chaleur et en lumière. Nichiren a enseigné que la vie et la mort sont des aspects alternés de notre moi véritable, tels qu'ils sont exprimés par la Loi de *Nam-myoho-renge-kyo*. Il écrit : « Myô *représente la mort et* Ho *représente la vie. Les êtres humains qui passent par les deux phases de la vie et de la mort sont les entités des dix états, ou les entités de* Nam-myoho-renge-kyo [...]. *Aucun phénomène, ciel ou terre, yin ou yang,*[6] *soleil ou lune, ni les cinq planètes,*[7] *ni aucune des*

5. William Blake (1757-1827). Peintre et poète romantique britannique.
6. *Yin* et *Yang* sont les deux principes, à la fois opposés et complémentaires, enseignés par la philosophie chinoise. *Yin* est, notamment, le principe passif et le féminin, *yang* le principe actif et le masculin.
7. Au XIIIe siècle, seules les planètes Mercure, Vénus, Mars, Jupiter et Saturne avaient été découvertes (Note des auteurs).

conditions de vie, de l'état d'enfer à l'état de bouddha, rien n'échappe aux deux phases de vie et mort. Ainsi, la vie et la mort de tous les phénomènes ne sont que les deux fonctions de Myôhô Renge Kyô. »[8]

En d'autres termes, toutes les choses qui se manifestent physiquement dans la vie se retirent dans un état de latence au moment de l'extinction ou de la mort. Le bouddhisme établit une distinction entre la réalité physique et un état de latence dans lequel la vie continue à exister de façon invisible. Cette latence, définit comme ni existence ni non-existence, peut être déroutante pour les Occidentaux. Pour nous, une chose existe ou elle n'existe pas. Mais pensez à une fleur de cerisier en hiver. Même si la fleur n'est pas visible, elle est là, dormante, attendant de s'épanouir quand les bonnes conditions (le printemps) se présenteront. La même chose est vraie de nos vies. Quand le corps physique cesse de fonctionner, nos vies entrent dans une nouvelle phase, une période dormante, suivie par une renaissance. Comme Daisaku Ikeda l'a écrit : *« Dans la conception bouddhique, la vie est éternelle. On croit qu'elle subit des incarnations successives, de telle sorte que l'on considère la mort non pas tant comme la cessation d'une existence que comme le commencement d'une nouvelle. Pour les bouddhistes, le phénomène de transmigration est évident en soi – comme cela, en effet, l'était pour l'Inde ancienne, qui lui avait donné le nom sanscrit de samsara. La prémisse fondamentale du bouddhisme est que la vie est éternelle et que les êtres vivants subissent individuellement un cycle continuel de naissance et mort. Certaines découvertes de la recherche scientifique récente, dans les deux domaines de la médecine et de la parapsychologie, tendent à appuyer cette conception. Ces recherches incluent les études sur les "expériences de mort imminente"[9] et les "expériences de vie passée"[10]. »*

Même si le fait de revenir à une perspective philosophique orientée vers la vie éternelle peut sembler idéaliste, ou non-scientifique - un simple baume émotionnel sur notre peur existentielle - c'est pourtant, à la vérité, la manière la plus raisonna-

8. « L'héritage de la Loi ultime de la vie », lettre de Nichiren à Sairen-bo Nichijo, 1272.

9. En anglais : *Near Death Experience* (NDE).

10. Le pionnier le plus connu dans ces deux domaines a été de Dr Raymond Moody, dont les travaux ont été traduits en français.

ble et la plus réaliste de considérer la question. Sans mort, il n'y aurait pas de vie. Josei Toda, le deuxième président de la Soka Gakkai, a écrit : *« Rien ne serait plus épouvantable que de ne pas mourir. Ce serait une chose s'il n'y avait que les êtres humains. Mais si tous les êtres vivants ne devaient pas mourir, les conséquences seraient vraiment catastrophiques. Supposez que les chats, les chiens et les souris, et même les pieuvres, aucun d'entre eux, ne meure. Cela créerait de grands problèmes. Si rien ne mourait, qu'arriverait-il alors ? Même si quelqu'un, ou quelque chose, était battu, ou tué, ou écrasé par un train, ou privé de nourriture, et qu'il ne meure pas, que se passerait-il ? Il en résulterait une immense pagaille. »*

La mort est nécessaire. Parce que nous mourons, nous pouvons apprécier les merveilles de la vie. Nous pouvons savourer la grande joie d'être en vie. Nichiren a compris le concept profond de la vie et de la mort, tel qu'il est exprimé par le Sûtra du Lotus, et selon lequel la vie et la mort sont inhérentes à l'existence humaine. Il a montré que la conception populaire selon laquelle la vie et la mort sont des phénomènes séparés conduit à croire en l'éternalisme, c'est-à-dire l'idée d'une âme qui existerait éternellement, ou au nihilisme, l'idée qu'il n'y a rien au-delà de la mort. Comme dans les fameuses paroles d'Hamlet, *« le reste est silence »*.[11] Nichiren disait que ces deux perspectives étaient erronées, car elles ignoraient le cycle de vie et mort qui imprègne l'univers. Voici ce qu'il dit : *« Haïr la vie et la mort et essayer de nous séparer d'elles est une illusion ou une illumination partielle. Percevoir la vie et la mort comme essentielles est l'illumination ou réalisation totale. Maintenant, quand Nichiren et ses disciples récitent* Nam-myoho-renge-kyo, *ils savent que la vie et la mort sont des mécanismes intrinsèques de l'essence fondamentale. Être et non-être, naissance et mort, apparition et disparition, existence terrestre et extinction future sont tous des processus essentiels et éternels. »*[12]

C'est en comprenant profondément cette conception complexe que nous pouvons progresser vers l'illumination et faire l'expérience de la mort avec dignité. Mais la question subsiste :

---

11. Shakespeare, *Hamlet*, Acte V, scène 2. Hamlet se donne la mort. Ce sont ses derniers mots.

12. Extrait du *Ongi Kuden*, « Le recueil des enseignements oraux » de Nichiren pris en note par Nikko, l'un de ses principaux disciples.

si la vie continue, sous quelle forme continue-t-elle ? Puisque la forme implique aspect et substance, et que les enseignements bouddhiques ne suggèrent pas que le moi physique survive d'une façon ou d'une autre et renaisse, une autre approche est nécessaire. Pour comprendre complètement la mort dans une perspective bouddhique, nous devons approfondir ce que l'on appelle les « neuf consciences ».

Les neuf niveaux de conscience

La théorie bouddhique des neuf consciences est un système philosophique qui a souvent été comparé au travail pionnier du psychologue suisse Carl Jung, lequel postulait un « inconscient collectif » fait de mémoires communes à tous les êtres humains. Ces mémoires viennent du passé éloigné et contiennent des images archétypales qui se trouvent dans toutes les cultures et qui ont été transmises depuis les temps préhistoriques. L'idée d'inconscient collectif de Jung est analogue à la huitième conscience, *alaya*, de la théorie bouddhique, qui sert de dépôt aux mémoires accumulées par les sept premières consciences et qui survivent après la mort.

Selon l'analyse bouddhique, les cinq premières consciences correspondent aux cinq sens : vue, ouïe, odorat, goût et toucher. La sixième conscience intègre la perception des cinq sens en images cohérentes pour former une image du monde extérieur. Prenez, par exemple, un pétale de rose. Il est rouge, doux et parfumé. Notre sixième conscience rassemble ces informations sensorielles et débouche sur l'idée de rose, distincte, disons, d'une fraise. Ensemble, les six premières consciences constituent l'esprit conscient.

Par contraste avec les six premières consciences, qui traitent du monde extérieur, la septième, ou conscience *mano,* ne dépend pas directement des sens. Elle perçoit le monde intérieur. C'est de la septième conscience que vient le jugement réfléchi : une rose est plutôt belle...

De façon plus importante, cependant, l'attachement au moi caractérise la conscience *mano*. Dans les termes de la psychologie freudienne, on peut l'assimiler à l'ego. C'est par l'intermédiaire de la septième conscience que le philosophe français René Descartes a pu formuler la fameuse preuve de sa propre existence : « *Je pense donc je suis.* »

Le huitième niveau, la conscience *alaya*, est une étape plus profonde que la conscience *mano.* Toutes les fonctions de nos six sens en réponse aux stimulations extérieures, nos jugements les concernant, et même nos impressions passagères, sont emmagasinées et enregistrées dans la huitième conscience. Ce dépôt peut être approximativement comparable à la mémoire, mais c'est aussi plus que cela. Le bouddhisme suggère que la huitième conscience se souvient et emmagasine, non seulement chaque expérience de cette vie - y compris toutes les causes que nous avons créées par la pensée, la parole et l'action -, mais aussi toutes les expériences du passé lointain.

Le bouddhisme enseigne qu'il n'y a rien de tel qui ressemble à une âme ou à un esprit, qui gouvernerait notre corps et notre pensée, et qui continuerait à exister comme une entité, flottant dans l'air, après notre mort. Le christianisme et d'autres religions occidentales considèrent qu'une personne ne vit qu'une seule fois, et que les actions accomplies pendant cette durée limitée déterminent pour toujours le destin d'une âme éternelle. C'est comme si la vie était un livre qui serait lu en entier une seule fois. Dans la conception bouddhique, pour prendre la même métaphore, la vie est comme la page d'un livre. Quand on tourne la page, une nouvelle vie apparaît.

Au lieu d'une âme éthérée, le bouddhisme souscrit à la notion d'un « moi profond » qui continue à exister, que l'on soit vivant ou décédé. On peut penser que la conscience *alaya* est le domaine où sont tissés ensemble toutes les causes et tous les effets qui constituent la destinée de ce moi individuel. Quand cette vie réapparaît dans le monde phénoménal, les graines karmiques qui se trouvent dans la conscience *alaya* germent une fois de plus, mais dans des conditions nouvelles et sous une nouvelle apparence physique. Notre moi continue ainsi à exister à travers l'éternité. Le bouddhisme accepte cela comme un fait. Qu'il soit dormant dans la mort ou manifeste dans la vie, c'est la même énergie de vie.

Pensez à ceci : que vous ayez deux, dix-sept, cinquante-deux ou soixante dix-huit ans, vous êtes la même personne. Même si, comme la science médicale nous l'indique, presque toutes les cellules de notre corps ont été remplacées au cours de votre vie, vous continuez à être vous-même. Votre personnalité peut avoir radicalement changé. Vous pouvez avoir changé de métier, de convictions politiques, et ainsi de suite. Mais il y a quelque chose d'ininterrompu dans les profondeurs de votre vie. C'est l'essence de ce que vous êtes. L'ensemble des mémoires, des habitudes et du karma, emmagasinés, au fil du temps, dans la conscience *alaya*, forme le moi individuel, ou la structure de l'être individuel, qui répète le cycle de mort et renaissance.

Il n'y a rien de statique ni d'irréversible dans ce karma, ou conscience héritée. Quel que soit notre karma, nous pouvons l'améliorer en usant de notre libre arbitre. En d'autres mots, le concept bouddhique de karma n'est, en aucun cas, ce que l'on appelle habituellement fatalité ou destin. Certaines personnes sont victimes de l'illusion du fatalisme, en considérant un seul aspect du karma, celui selon lequel le karma issu des vies passées se poursuit dans notre vie actuelle. Cependant, d'après la loi de causalité, à chaque instant nous créons du karma nouveau. Cela veut dire que, dans le moment présent également, par notre libre volonté propre, nous créons une nouvelle tendance de vie et nous ouvrons notre vie au futur. Nichiren disait que, dans le cycle éternel de vie et mort, la loi de cause et d'effet est une loi d'airain. Si nous sommes conscients que nous pouvons trouver une signification positive dans tout ce qui nous arrive dans la vie, réciter *Nam-myoho-renge-kyo* est le moyen le plus direct pour améliorer ou changer notre karma.

Quand nous reconnaissons que les causes et les conditions essentielles de notre bonheur résident à l'intérieur de notre propre vie, nous pouvons trouver le courage de nous sentir responsables de nos souffrances, de faire tout notre possible pour les changer et de créer du bonheur. Si nous comprenons que nous sommes les créateurs de notre propre destin, nous trouvons en nous-mêmes une étoile d'espoir qui illumine tous les aspects de l'existence.

Après la mort, cependant, dans notre nouvelle existence, bien que notre « mémoire » karmique soit intacte, nous n'aurons aucun souvenir conscient de notre vie précédente. On trouve la déclaration suivante dans la collection des sûtras dits *Agama* : « *Les effets karmiques existent, mais plus la personne qui les a causés.* » En réalité, nous devons « boire les eaux du Léthé », le fleuve qui faisait oublier le passé dans la mythologie grecque. Comme les neurosciences modernes l'ont bien établi, la mémoire physique requiert un cerveau physique, et le cerveau qui se souvient des incidents de cette vie est donc différent de la conscience qui a enregistré les événements de la vie d'avant. Quand le cerveau physique meurt, ainsi en est-il des souvenirs. La mémoire karmique que nous appelons *alaya*, dans laquelle sont gravées toutes les causes que nous avons créées, est d'une nature différente de la mémoire cérébrale. Mais le moi sous-jacent est le même. Tout comme aucune période de sommeil, aussi longue et profonde soit-elle, ne peut altérer notre identité, notre karma perdure.

La nature de ce qui renaît a été l'objet de discussions vaines et interminables. Quand une bougie est allumée à une autre bougie, est-ce que la lumière de la seconde est la même que la lumière de la première ? Mais dans la quête de l'illumination les détails n'ont pas d'importance. La théorie des neuf consciences est, après tout, une théorie. Mais elle s'impose de façon troublante à la lumière de ce que l'on sait aujourd'hui de l'univers, de la nature humaine et de la psychologie. D'après cette théorie, la conscience *alaya*, qui sert de base à toutes les fonctions émotionnelles et spirituelles, est en changement constant, comme un torrent impétueux et qui subit sans cesse transitions et transformations. Cet état dynamique, au niveau fondamental de la vie, entretient les caractéristiques uniques de chaque vie individuelle. Quand nous mourons, notre vie retourne entièrement dans le domaine de la conscience *alaya*. Pour cette raison, nous ne voyons pas, nous n'entendons pas, nous ne sentons pas, nous ne goûtons pas, et nous ne percevons pas par le toucher. Notre conscience part au-delà même de la septième conscience et se retire complètement dans l'*alaya*.

L'analogie entre le sommeil et la mort (le « grand sommeil ») s'impose. Comme l'auteur et dirigeant bouddhiste britannique Richard Causton l'a écrit dans son livre, *The Buddha in Daily Life* (« Le Bouddha dans la vie quotidienne ») : « *Le sommeil, comme la mort, est un aspect fondamental et mystérieux de la vie. Nous nous couchons fatigués et nous levons reposés. Le bouddhisme enseigne que nous mourons quand nous sommes épuisés, et que notre entité de vie renaît alors de nouveau. Le sommeil et la mort expriment ainsi, l'un et l'autre, le rythme continuel et l'énergie de* myoho, *la Loi mystique. La leçon ici est claire, car lorsque nous sommes vraiment capables de considérer la mort comme nous considérons la vie, c'est-à-dire une période de repos et de récupération dans l'éternité de nos vies, cela ne devrait certainement susciter aucune terreur chez nous. Bien plus, nous pouvons même l'attendre comme nous attendons une bonne nuit de sommeil après une journée de travail difficile, avec la certitude que notre vie va connaître un nouveau départ vigoureux quelque part ensuite.* »

Les chercheurs ont montré qu'il y a différents niveaux de sommeil. Pendant la phase dite du « mouvement oculaire rapide »,[13] les tracés d'ondes cérébrales sont particulièrement intenses, et, si le sommeil est interrompu, nous pouvons aisément nous rappeler de nos rêves. Selon Richard Causton, le bouddhisme considère le rêve comme la « libération » des pensées, mots et actions divers emmagasinés dans la huitième conscience lorsque la pensée consciente lâche prise pendant quelques heures. Une personne que l'on réveille durant cette phase de sommeil du « mouvement oculaire rapide » est immédiatement consciente de ce qui l'entoure. Au contraire, quelqu'un que l'on réveille d'un sommeil très profond, caractérisé par les ondes delta, peut éprouver une désorientation extrême, ainsi qu'un dysfonctionnement de la mémoire. Un passage hautement suggestif de l'ouvrage de Marcel Proust, *À la recherche du temps perdu*, illustre bien ce point : « *Mais il suffisait que, dans mon lit même, mon sommeil fût profond et détendît entièrement mon esprit ; alors celui-ci lâchait le plan du lieu où je m'étais endormi, et quand je m'éveillais au milieu de la nuit, comme j'ignorais où je me trouvais, je ne savais même pas au premier instant qui j'étais ; j'avais seulement dans sa simplicité première, le sentiment de l'existence comme il peut frémir au fond d'un animal : j'étais plus dénué*

---

13. Mouvement alternatif rapide des globes oculaires pendant la phase dite de « sommeil paradoxal », celle qui accompagne les moments de rêve.

que l'homme des cavernes ; mais alors le souvenir – non encore du lieu où j'étais, mais de quelques-uns de ceux que j'avais habités et où j'aurais pu être – venait à moi comme un secours d'en haut pour me tirer du néant d'où je n'aurais pu sortir tout seul ; je passais en une seconde par-dessus des siècles de civilisation, et l'image confusément entrevue de lampes à pétrole, puis de chemises à col rabattu, recomposaient peu à peu les traits originaux de mon moi. »[14]

Cet état de « néant », décrit avec une telle éloquence par Proust, suggère l'existence d'un niveau de conscience encore plus profond que celui expérimenté pendant le rêve ordinaire. Il est similaire aux expériences documentées de personnes revenues des lisières de la mort. Les « expériences de mort imminente », avec leurs récits d'une grande cohérence où l'on observe son propre corps, de l'extérieur, d'une manière sereine et détachée, suggère que notre moi reste en vie même si notre corps a pratiquement expiré. Dans les contes bouddhiques, une personne décédée traverse, de façon significative, une rivière, ce qui indique le passage de la conscience *mano* à la conscience *alaya.* Ces expériences et ces récits mettent en évidence la thèse selon laquelle, au plus profond de ce torrent impétueux qu'est la conscience *alaya*, il y a un réservoir pur et paisible, la nature éternelle et immuable de bouddha.

La neuvième conscience, ou boddhéité

On peut dire que la raison pour laquelle l'enseignement bouddhique peut mettre la mort en perspective, c'est qu'il a découvert, à l'intérieur de notre propre vie, le domaine fondamental exempt de toute impureté karmique. On l'appelle conscience *amala*, ou illumination. *Amala* veut dire ici pureté absolue. C'est un domaine directement relié à la vie de l'univers, dont on sait qu'il s'agit, en termes bouddhiques, de *Nam-myoho-renge-kyo*, la Loi fondamentale de la vie et de la mort. Nichiren appelait

---

14. Marcel Proust, *À la recherche du temps perdu*, tome 1 : *Du côté de chez Swann*, première partie (Grasset, 1913, et Gallimard, 1919).

aussi ce domaine le *« palais de la neuvième conscience »*.[15] La vie et la mort sont, toutes les deux, des expressions naturelles de l'existence humaine, et, toutes les deux, font partie de la grande vie universelle de la boddhéité qui existe dans les profondeurs de notre vie. En nous fondant sur notre boddhéité révélée par notre pratique bouddhique dans cette vie, nous faisons, dans cette vie, l'expérience de la mort dans la paix et la dignité.

En mentionnant la mort du père d'un jeune pratiquant, Nichiren écrivait : ***« Il était déjà bouddha de son vivant et maintenant c'est un bouddha dans la mort. C'est un bouddha, à la fois dans la vie et dans la mort. C'est le sens du principe profond appelé "atteindre la boddhéité sans changer d'apparence". »***[16]

Dans ce bref passage, Nichiren enseigne le principe selon lequel nous pouvons être éternellement heureux en atteignant la boddhéité en cette vie. Le message fondamental du Sûtra du Lotus est que la boddhéité est un potentiel qui existe en chacun de nous. Nichiren nous a offert le moyen de la révéler de l'intérieur de nous-même et il nous a enseigné aussi le moyen de la stabiliser en nous. De cette manière, si, de notre vivant, nous faisons jaillir constamment la boddhéité des profondeurs de notre vie, ce flux continuera aussi après notre mort et dans la vie suivante.

En pratiquant son enseignement - la récitation de *Nam-myoho-renge-kyo* - nous pouvons développer la sagesse et la conviction nécessaires pour remettre la mort en perspective. En illuminant continuellement notre propre vie, nous pouvons aussi établir une confiance inébranlable en son éternité. En outre, en pratiquant l'enseignement de Nichiren, nous pouvons faire émerger de la joie de l'intérieur. Finalement, puisque l'absence de peur est un trait de la boddhéité, la peur de la mort est quelque chose que nous pouvons vaincre. C'est alors

---

15. ***« Ne cherchez jamais ce*** Gohonzon ***en dehors de vous-même. Il n'existe que dans notre chair, en nous, êtres ordinaires, qui gardons le Sûtra du Lotus du Lotus et récitons*** Nam-myoho-renge-kyo. ***Le corps est le palais de la neuvième conscience, réalité inchangeable qui régit toutes les fonctions de la vie. »*** « Le véritable aspect du *Gohonzon* », lettre de Nichiren à Dame Nichinyo, 1277.

16. « Enfer et boddhéité », lettre de Nichiren à Ueno-ama Gozen, 1274. Nichiren écrit à la veuve du défunt, mère du jeune pratiquant, nommé Nanjo Tokimitsu.

seulement que nous pouvons nous concentrer sur notre vie pour le bonheur de toute l'humanité, en réalisant ainsi notre mission dans cette vie et dans ce monde.

Dans *Le Cycle de la vie*, Daisaku Ikeda écrit : « *Nichiren a donné une forme concrète à la conscience* amala – *réalité fondamentale de la vie – avec* Nam-myoho-renge-kyo. »[17] Daisaku Ikeda écrit encore : « *Il a donné une forme matérielle à son illumination à la vie cosmique originelle dans le* Gohonzon, *l'objet de dévotion, ouvrant ainsi un chemin que tous peuvent emprunter pour atteindre la boddhéité en manifestant le grand soi qui est latent à l'intérieur de chacun d'entre eux. Quand nous nous consacrons au* Gohonzon, *nous voyons la joie et la détermination jaillir, tandis que nous sommes conduits à découvrir que la réalité de nos propres existences rejoint la vaste vie éternelle de l'univers. Quand nous nous consacrons à cette réalité – la conscience* amala – *et que, sur elle, nous fondons nos vies, les autres huit consciences concourent, toutes ensemble, à exprimer l'immense puissance et l'infinie sagesse de la nature de bouddha.* »

La bonne manière de mourir

Suivant ce que requiert la loi de cause et d'effet, nous mourons de la manière dont nous avons vécu. Au moment de la mort, nos causes passées sont clairement visibles dans notre aspect. À ce moment-là, il n'y a aucun moyen de cacher la vérité sur la vie que nous avons vécue. Par conséquent, parler de la manière idéale de mourir revient en réalité à parler de la manière idéale de vivre. Nous accomplissons aujourd'hui notre pratique bouddhique pour ne pas avoir de regrets sur notre lit de mort. La manière dont nous abordons le moment de la mort détermine si nous avons bien rempli, ou non, nos vies.

Le bouddhisme est un enseignement qui donne une valeur absolue à la vie de chaque être humain. Pour le bouddhisme, une personne qui a développé pleinement son potentiel est, en un sens, un bouddha. Une personne qui a fait tout son

17. Daisaku Ikeda, *Le Cycle de la vie*, p. 161, L'Harmattan, 2006.

possible pour remplir sa mission dans cette vie est aussi appelée un bouddha. Daisaku Ikeda a écrit : « *Nous connaîtrons un jour la mort. Nous pouvons mourir après avoir lutté dur pour nos croyances et nos convictions, ou nous pouvons mourir sans l'avoir fait. Comme la réalité de la mort est la même dans les deux cas, n'est-il pas, de loin, préférable que nous partions pour ce voyage vers une existence nouvelle avec un moral élevé et un sourire lumineux sur le visage, convaincu que, dans toutes nos actions, nous avons fait de notre mieux, et avec la sensation forte que "c'était vraiment une vie intéressante" ?* »

Dès lors, dans une perspective bouddhique, notre capacité à traverser avec succès le processus de la mort dépend des efforts constants, accomplis durant la vie, pour accumuler de bonnes causes, contribuer au bonheur des autres et renforcer ce qu'il y a de bonté et d'humanité au tréfonds de notre vie. C'est ainsi que, après avoir été un vainqueur dans la vie, nous pouvons, de même, être gagnant dans la mort. Telle est la méthode qui consiste à utiliser la loi de cause et effet pour créer la valeur ultime.

Ainsi, nous pouvons comprendre que la mort est plus que l'absence de vie ; que la mort, avec une vie active, est nécessaire pour former un tout plus large et essentiel. Ce grand tout reflète la profonde continuité de la vie et de la mort dont nous faisons l'expérience comme individus et que nous exprimons dans la culture. L'établissement d'une culture fondée sur la compréhension de la relation qui existe entre la vie et la mort, et de l'éternité fondamentale de la vie, sera un défi central du XXIe siècle. Une telle attitude ne nie pas la mort, mais elle la regarde en face et la positionne correctement dans le contexte plus large de la vie.

Mourir de façon heureuse est difficile. Et comme la mort est la clôture finale des comptes pour cette vie, le moment de la mort est le moment où apparaît notre véritable moi. Nous pratiquons le bouddhisme pour vivre et pour mourir heureux. Le bouddhisme garantit que ceux qui ont une pratique sincère aborderont la mort dans un état de contentement suprême.

Index

Présentation des auteurs

Woody Hochswender, ancien reporter au *New York Times,* pratique le bouddhisme de Nichiren depuis trente-deux ans. Il a écrit deux ouvrages et de nombreux articles de revues sur des sujets variés.

Greg Martin est vice-directeur général de la SGI-USA (Soka Gakkai International-États-Unis), une association laïque du bouddhisme de Nichiren.[1] Il a écrit et fait des conférences sur le bouddhisme de Nichiren pendant la majeure partie de ses trente-sept années de pratique. Il occupe aussi des responsabilités dans le département d'étude de la SGI-USA.

Ted Morino est également vice-directeur général de la SGI-USA. Il a été rédacteur en chef de l'hebdomadaire *World Tribune* et du mensuel *Living Buddhism,* les revues de l'association bouddhiste américaine. Il a dirigé les traductions de nombreux livres et articles sur le bouddhisme de Nichiren, et il a écrit et fait de nombreuses conférences sur le sujet au cours des trente-sept dernières années. Il a été directeur du département d'étude de la SGI-USA.

---

1. Ce mouvement est représenté en France par le Consistoire Soka du bouddhisme de Nichiren. Site internet : www.consistoire-soka.fr

L'HARMATTAN, ITALIA
Via Degli Artisti 15 ; 10124 Torino

L'HARMATTAN HONGRIE
Könyvesbolt ; Kossuth L. u. 14-16
1053 Budapest

L'HARMATTAN BURKINA FASO
Rue 15.167 Route du Pô Patte d'oie
12 BP 226
Ouagadougou 12
(00226) 50 37 54 36

ESPACE L'HARMATTAN KINSHASA
Faculté des Sciences Sociales,
Politiques et Administratives
BP243, KIN XI ; Université de Kinshasa

L'HARMATTAN GUINÉE
Almamya Rue KA 028
En face du restaurant le cèdre
OKB agency BP 3470 Conakry
(00224) 60 20 85 08
harmattanguinee@yahoo.fr

L'HARMATTAN CÔTE D'IVOIRE
M. Etien N'dah Ahmon
Résidence Karl / cité des arts
Abidjan-Cocody 03 BP 1588 Abidjan 03
(00225) 05 77 87 31

L'HARMATTAN MAURITANIE
Espace El Kettab du livre francophone
N° 472 avenue Palais des Congrès
BP 316 Nouakchott
(00222) 63 25 980

L'HARMATTAN CAMEROUN
BP 11486
Yaoundé
(00237) 458 67 00
(00237) 976 61 66
harmattancam@yahoo.fr

Achevé d'imprimer par Corlet Numérique - 14110 Condé-sur-Noireau
N° d'Imprimeur : 98536 - Dépôt légal : juin 2013 - *Imprimé en France*